R 32867

Genève
1872

Dameth, Claude-Marie dit Henri

Les bases naturelles de l'économie sociale

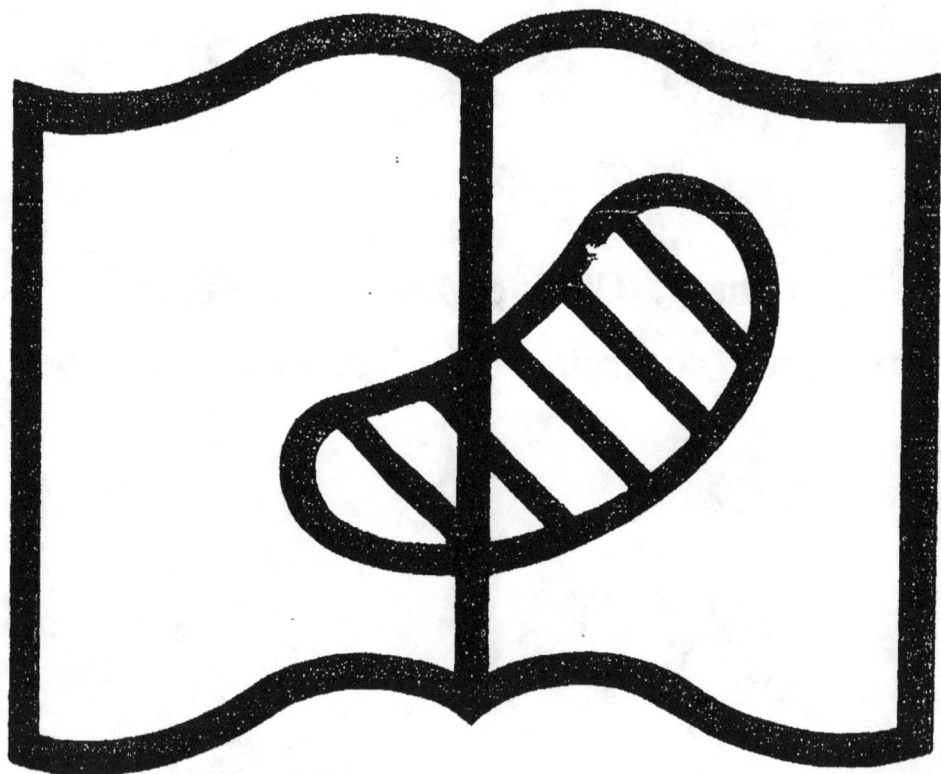

Symbole applicable
pour tout, ou partie
des documents microfilmés

Original illisible

NF Z 43-120-10

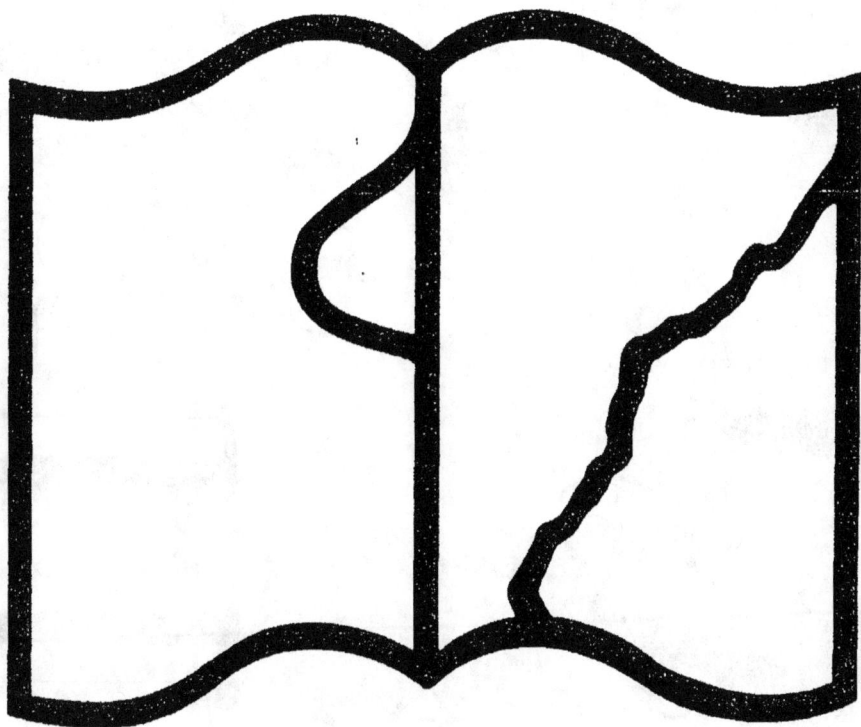

**Symbole applicable
pour tout, ou partie
des documents microfilmés**

Texte détérioré — reliure défectueuse

NF Z 43-120-11

H. Dameth

Les Bases

naturelles

de l'économie sociale

LES BASES NATURELLES

DE

L'ÉCONOMIE SOCIALE

Résumé d'un Cours public fait à Lyon

sous les auspices

de la Chambre de Commerce et de la Société d'Économie politique

PAR

H. DAMETH

PROFESSEUR A L'ACADÉMIE DE GENÈVE

GENÈVE

F. RICHARD, LIBRAIRE-ÉDITEUR

56, rue du Rhône

PARIS

GUILLAUMIN ET Cie	SANDOZ ET FISCHBACHER
rue Richelieu, 14	33, rue de Seine

LYON

M. CONCHON, rue Mulet

1872

LES BASES NATURELLES

DE L'ÉCONOMIE SOCIALE

Genève. — Imp. Soullier et Wirth, rue de la Cité, 19.

LES BASES NATURELLES

DE

L'ÉCONOMIE SOCIALE

Résumé d'un Cours public fait à Lyon
sous les auspices
de la Chambre de Commerce et de la Société d'Économie politique

PAR

H. DAMETH

PROFESSEUR A L'ACADÉMIE DE GENÈVE

GENÈVE
F. RICHARD, LIBRAIRE-ÉDITEUR
56, rue du Rhône
PARIS

| GUILLAUMIN ET Cie | SANDOZ ET FISCHBACHER |
| rue Richelieu, 14 | 33, rue de Seine |

1872

AVANT-PROPOS

Cet opuscule forme, dans la pensée de l'auteur, le complément de deux publications précédentes, intitulées, l'une : *le mouvement socialiste et l'économie politique;* l'autre, *la question sociale.* C'est le même sujet qu'il a eu en vue de traiter dans ces deux publications et dans celle d'aujourd'hui. La méthode seule est différente. J'ai procédé d'abord par voie de discussion, pour combattre les doctrines et les entreprises qui se posent en hostilité de l'ordre économique naturel. Maintenant, adoptant la méthode didactique, je cherche à tracer en lignes précises l'ensemble du plan de l'organisation normale du monde des intérêts. C'est encore une manière de réfuter les théories et les tendances subversives. Les affirmations d'aujourd'hui viennent corroborer et justifier les critiques d'hier.

Dans la *question sociale,* il est vrai, le procédé employé n'était pas exclusivement polémique. Plusieurs points spéciaux, tels que la propriété et le salaire, sont traités pour eux-mêmes. Cependant, la préoccupation des idées adverses se fait toujours sentir et préside au choix des moyens de démonstration.

J'aurais voulu cette fois-ci agir avec plus d'indépendance d'esprit et mettre de côté toute allure guerroyante. La discussion, quoiqu'on fasse, ne supplée point l'enseignement. Les erreurs qu'on y repousse tiennent encore une place dominante, tout au moins comme sujet d'attention, et qui amoindrit corrélativement celle des vérités qu'on a le dessein de faire triompher. Ces vérités elles-mêmes perdent beaucoup de leur ampleur et de leur noblesse intime à n'apparaître que comme instruments de lutte. On ne les voit ainsi que sous un ou quelques-uns de leurs aspects, et non des meilleurs; on comprend ce qu'elles ne permettent pas d'accepter plutôt que ce qu'elles fournissent de substantiel à l'enfantement des convictions. Enfin, les réfutations sont toujours partielles et n'atteignent que telle ou telle catégorie d'adversaires; la doctrine, au contraire, est intégrale et s'adressera à tout le monde, pourvu qu'elle possède les conditions dont se forme l'autorité scientifique.

C'est donc à l'exposition doctrinale que j'ai voulu consacrer le présent ouvrage. Mais il ne faut point y chercher autre chose que des idées sommaires, un peu abstraites et un peu vagues par conséquent. Si j'avais prétendu toucher en même temps aux questions de second ordre et entrer dans la voie des développements, j'aurais dû faire un gros livre et, surtout, j'aurais risqué de ne pas atteindre mon but, celui de mettre en pleine lumière les bases positives et incontestées de la science. On peut, en économie sociale, comme en tout autre ordre d'études, se diviser sur bien des points. Cette division est même inévitable, nécessaire, dirai-je, pour l'élucidation pleine des problèmes ; mais il y a un certain nombre de faits fondamentaux qui sont les lois constitutives de toute science et, en l'absence ou le rejet desquels, il peut rester des opinions plus ou moins généralement admises, mais pas de lien commun.

Si l'économie politique n'en était encore que là, elle ne représenterait qu'une école et qu'un système, et on ne comprendrait point pourquoi ses partisans se sentent, malgré beaucoup de divergences, unis par le lien de l'orthodoxie, d'un bout à l'autre du monde civilisé, et soldats de la même cause théorique et pratique. C'est en vain qu'on leur reproche le manque d'accord sur maints sujets, ils n'en persistent pas moins à marcher ensemble, parce qu'ils voient beaucoup mieux que leurs adversaires qu'elles sont l'importance et la fécondité souveraines du domaine conquis, et parce que les moyens d'investigation, dus à l'ensemble des principes mis déjà hors de doute, leur donnent la légitime confiance d'une entente ultérieure de plus en plus large.

Eh bien, ce sont ces faits fondamentaux, ces principes communs à tout homme qui fait acte d'adhésion à la science économique, en Angleterre comme en France, comme en Allemagne, comme en Italie, comme en Suisse, etc., que j'ai tâché d'exposer à grands traits dans leur concordante unité.

Quoique l'entreprise ait été déjà accomplie par bien d'autres et de plus autorisés que moi, j'ai pensé qu'elle ne cessait pas d'avoir de l'utilité et surtout de l'opportunité. On a beau dire que ces vérités élémentaires sont connues de tout le monde et qu'on n'a que faire à leur sujet des prédications de l'économie politique : la tendance générale des idées et des actes dément aussi catégoriquement que possible cette présomption de connaissance. Quand on voit une partie, si ce n'est la majorité, des bourgeois et des lettrés donner, à droite et à gauche, dans les théories de sentiment ou rester clouée à la routine, passer, à tour de rôle, du socialisme en avant au socialisme en arrière, ou enfin confondre tout cela avec les aspirations du progrès social, force est bien de reconnaître que c'est précisément ce fond de principes, soit-disant établi, qui fait défaut. Quant aux classes ouvrières ou illettrées, on peut dire que, dans leur ensemble, elles vivent, intellectuellement parlant, sur toutes les idées contraires; et c'est ce qui explique pourquoi la propagande socialiste de tout degré a tant de prise sur elles, car ces idées constituent l'antinomie exacte et absolue de la science.

Il y a donc bien des raisons pour qu'on ne craigne pas de braver le reproche d'insignifiance et de monotonie en ressassant les mêmes données élémentaires, sans autre innovation de méthode que celle qui résulte de la tournure d'esprit personnelle de l'orateur ou de l'écrivain. Je dirai même qu'à mes yeux, c'est le devoir principal, à cette heure, de l'économiste de profession. Il pourrait lui paraître plus intéressant, au point de vue scientifique, de creuser les questions spéciales ou de travailler à attacher son nom à quelques-uns des grands débats encore ouverts entre les maîtres. Mais que vaut un tel genre de satisfaction auprès des injonctions de la conscience par rapport au débat bien autrement pressant et redoutable qui est engagé à cette heure dans le sein de la société, et dont l'existence même de la civilisation et de la démocratie sont le précieux enjeu ?

Il faut se bien convaincre d'une chose : au point de paroxisme où en est venue la lutte sociale des intérêts, si l'on ne réussit pas à faire prévaloir les solutions économiques, on ne sauvera point en même temps la civilisation et la démocratie. L'une des deux servira d'holocauste à l'autre.

Les choses étant ainsi, l'homme de science ou d'étude n'est pas libre de choisir sa route : il doit aller là où le péril se montre et l'appelle. Il doit dire ce qu'il y a de plus urgent à dire, et il doit le dire de la façon qui répond le plus directement aux nécessités présentes. Ce qui fait que, tout en ayant l'air de dogmatiser seulement, il discutera encore plutôt qu'il n'exposera. Sa pensée ira au-devant des objections afin de les rendre impossibles. Il ruinera les préjugés par cela même qu'il établira la certitude des vérités initiales que ces préjugés empêchent de percevoir ou de comprendre. Il désarmera enfin la passion en éclairant l'esprit et en rendant visible, pour les moins clairvoyants, cette harmonie profonde du JUSTE et de l'UTILE qui est la première et la plus solide des bases naturelles de toute l'économie sociale.

PREMIÈRE SÉANCE

**L'économie sociale fait l'objet d'une science.
Importance de son étude.**

On semble d'accord, aujourd'hui, pour con-
fesser que l'accroissement d'instruction est
notre plus grand besoin. « Dans la dernière
guerre, dit-on, ce n'est pas le canon Krupp
qui a vaincu la France, c'est le maître d'école
allemand. » Il faudrait ajouter que l'ignorance
était moindre encore du côté de nos soldats
que du côté de nos généraux et de nos
hommes d'État. C'est donc, en somme, une
plaie générale.

Mais cette plaie n'est, sur aucun point, plus
considérable et plus dangereuse qu'en matière d'économie sociale. Nous entendons par
économie sociale tout l'ensemble de principes, d'institutions et d'actes, tant individuels
que collectifs, qui constitue le monde des
intérêts. Cette définition suffit pour montrer

qu'il s'agit d'une partie essentielle, fondamentale de notre existence et des rapports des hommes entre eux. Eh bien, l'extrême divergence d'opinions et de systèmes qui se manifeste toujours sur ce grand sujet, l'antagonisme qu'il suscite entre les classes, comme, par exemple, entre la bourgeoisie et le salariat de main-d'œuvre, l'opposition des théories gouvernementales qui s'y rapportent, tout prouve que l'économie sociale est encore en proie à la confusion d'idées et à l'incertitude de principes qui sont les corollaires naturels de l'ignorance.

Ce n'est pas toutefois que l'esprit général montre de l'insouciance, de l'indifférence à l'égard de cet ordre de questions. Jamais, au contraire, on ne s'en est plus fortement préoccupé. Jamais les affaires d'intérêt n'ont tenu autant de place que maintenant dans la pensée et dans les sentiments des hommes. On peut même dire qu'il y a excès à cet égard. Le progrès démocratique a surexcité passionnément dans l'âme de chacun la conscience de son droit et de son intérêt, et le progrès industriel a développé outre mesure, dans tous les rangs de la société, le besoin des jouissances. La richesse est devenue le point de mire presque unique de tous les efforts.

Il ne faut pas craindre de dire que ces tendances ont leurs périls, et qu'il importe de réagir contre elles.

Non, les intérêts matériels, la richesse et les plaisirs qu'elle peut procurer, ne sont pas tout : la vie morale est au-dessus. Ce n'est point aux triomphes d'argent que s'adressent notre admiration et notre estime, c'est au désintéressement, au patriotisme, à l'honneur, au devoir accompli.

Au milieu des désastres que la France vient de subir, si quelque sujet de consolation lui est resté, n'est-ce pas d'avoir vu une partie de ses enfants, de toute condition, riches et pauvres, faire abnégation volontaire de leurs intérêts et de leur existence, pour aller sur des champs de bataille où la victoire était presque impossible, payer du moins leur dette de dévouement au drapeau de la patrie ?

On ne saurait donc le proclamer trop hautement : il y a des droits, des devoirs, des satisfactions, supérieurs à la richesse ; la vie religieuse, la vie politique, la vie intellectuelle, la vie artistique, dominent la vie physique, considérée même dans ses plus légitimes revendications. L'apaisement des besoins matériels n'est, pour ainsi dire, que le piédestal de l'existence humaine, ce sont toutes les autres choses que nous venons de nommer qui en font la grandeur et la véritable beauté.

Les civilisations démocratiques ont tout particulièrement besoin de ce rehaussement moral. Autrefois le type idéal du républicain se composait d'un mélange de vertu et de pauvreté. Montesquieu donne aussi pour fondement premier aux institutions républicaines la vertu ; et il ajoute, un peu plus loin : « En république, il faut que les parts soient petites. » Aujourd'hui, nous sommes enclins à l'exagération contraire, et nous semblons tout près de sacrifier, au besoin, la liberté à l'argent.

C'est, d'ailleurs, du plus ou moins, un mal général : « Enrichissez-vous, disait M. Guizot, on ne saurait avoir, par un autre mode, accès à la souveraineté politique. » Le parti de la démocratie socialiste reprend l'idée à sa manière. Il fait peu de cas des réformes et du progrès d'ordre politique. Il ne cherche dans le pouvoir qu'un instrument propre à faire triompher les intérêts d'une classe sur ceux des autres classes. En cela se résume à peu près tout son programme de démocratie.

Voici l'origine de ces dernières dispositions. Bien qu'on méconnaisse la valeur de l'État, comme organe de vie politique, on s'imagine que tout, dans la société, doit se faire par coups d'autorité gouvernementale; que l'État peut procéder dictatorialement à la distribution des richesses, disposer des forces productives de chaque citoyen et de leurs fruits, de ses sentiments religieux, de ses affections familiales, de tout son être enfin, moral et physique.

Et d'où vient cette étrange aberration touchant le rôle de l'État? — Elle prend sa source dans l'esprit révolutionnaire qui nous possède et qui va de renversement en renversement, sans être jamais ni éclairé ni assouvi. L'esprit révolutionnaire croit avoir l'omnipotence et l'omniscience. Rien ne l'embarrasse pourvu qu'il détruise. Dominé par une illusion qui serait puérile si elle n'était perverse et désastreuse, il voit toujours le bien absolu prêt à surgir de chaque victoire de l'anarchie. Le dernier mot de cette méthode d'action est au contraire de rendre tout progrès impossible, en substituant la violence à la réflexion, en donnant tour à tour gain de cause aux résolutions et aux passions extrêmes, dans les sens le plus opposés.

Nous avons, depuis quatre-vingts ans, essayé et usé presque tous les genres de gouvernement, et notre passion de changer encore nous empêche de comprendre qu'au lieu d'avancer nous reculons. Une partie de ce que la grande rénovation de 1789 nous avait donné est déjà perdu; aucune peut-être des constitutions sans nombre, fabriquées depuis, ne recelait autant de vrai libéralisme que celle qui fut alors élaborée. C'est que la France de 1789 était mûre pour une large et salutaire transformation politique, économique et sociale, et qu'elle en avait préparé par l'étude le plan organique.

Il ne suffit pas, en effet, de renverser un gouvernement pour pouvoir toucher d'une main sûre au mécanisme de l'économie so-

ciale ; il faut même autre chose que des système : il faut une science.

Les partisans de la révolution sociale, dans
notre temps, le reconnaissent cependant ; ils
prétendent même posséder la science sociale.
Mais lorsqu'on examine de près leurs affirmations, on trouve que tout s'y réduit à des
théories contradictoires et qui n'ont d'autre
rapport entre elles que d'être pareillement
excentriques, subversives, conçues en mépris
de toute réalité pratique.

Cela prouve du moins que, d'un côté comme
de l'autre, on croit aujourd'hui à la nécessité
et à l'existence idéale d'une science de l'économie sociale. C'est là, sans doute, un fait
considérable ; c'est surtout un signe des
temps !

II

L'ère moderne a pour caractère souverain
et original la recherche de la science. On veut
désormais substituer partout la connaissance
positive aux croyances de sentiment et aux
opinions artificielles qui prévalurent dans le
passé.

En sociologie, on sent que la nature humaine étant conforme à elle-même en tout lieu et à toute époque, pour ce qui concerne, du moins, ses éléments fondamentaux, il doit y avoir un mode rationnel d'organiser les rapports des hommes entre eux, dans le milieu social, conformément à cette nature. « Les lois, » dit Montesquieu, « dans la signification la plus étendue, sont les rapports nécessaires qui dérivent de la nature des choses; et, dans ce sens, tous les êtres ont leurs lois... l'homme a ses lois. »

Rien de plus juste et de plus sensé. Mais, pour avoir cette science de l'économie sociale, il faut la conquérir au moyen des procédés qui ont créé toutes les autres sciences.

En quoi consistent ces procédés ? — Ils se résument dans l'observation attentive des faits, sans théorie préalable, sans esprit de système, sans égard aux préjugés régnants. C'est ce que les deux philosophes, qui ont été les instaurateurs de l'esprit scientifique moderne, Descartes et Bacon, ont admirablement exposé.

Eh bien! quels faits faut-il observer pour fonder la science de l'économie sociale ? — Il faut observer les faits qui en forment l'objet propre, à savoir : comment l'homme pourvoit, en société, à la satisfaction de ses besoins ou de ses intérêts.

Une telle recherche semble, de prime abord, facile, puisqu'il s'agit de ce qui constitue la trame, la substance de notre activité quotidienne, dans le domaine du travail, de la production, de la consommation. Rien n'est pourtant, en réalité, plus difficile. Rousseau a dit : « Les choses qu'on a constamment sous les yeux sont celles qu'on observe le moins. » On croit en effet les connaître, et on ne songe pas à s'y prémunir contre les illusions de l'apparence et contre les opinions reçues. C'est ainsi qu'Aristote croyait justifier l'esclavage en constatant qu'il avait toujours existé jusqu'alors. C'est ainsi encore que, dans l'antiquité, on considérait la guerre comme le procédé naturel d'enrichissement d'un peuple.

L'observation, en ce qui regarde l'économie sociale, ne doit donc pas s'en tenir aux faits placés immédiatement sous les yeux : elle doit s'étendre dans l'espace et le temps, c'est-à-dire embrasser les divers états sociaux qui coexistent sur le globe et ceux des époques anterieures. Ce n'est qu'à cette condition qu'on parviendra à distinguer ce qu'il y a de permanent et d'universel dans les faits de cet ordre, de ce qu'ils ont présenté de passager et d'accidentel en chaque temps et en chaque lieu. On découvrira, en outre, ainsi quelle est la marche, la tendance générale des faits et des institutions; or cette tendance des faits caractérise par excellence la loi supérieure ou scientifique qui les gouverne. On échappera encore de la sorte à l'entraînement des points de vue personnels ou corporatifs et aux emportements de la passion.

Ces dernières causes d'erreurs ne sont pas moins à redouter, quand il s'agit de l'économie sociale, que l'observation incomplète. Quoi de plus dangereux, par exemple, s'il s'agit de découvrir les lois naturelles qui président à la distribution des richesses entre les hommes, que d'épouser la cause particulière d'une classe sociale, celle des riches ou celle des pauvres? S'il s'agit des rapports généraux d'échange ou de commerce entre les peuples, que de se passionner pour l'intérêt exclusif d'une catégorie quelconque de producteurs ?

C'est l'intérêt général, dans son acception la plus large, la plus universelle, en quelque sorte, qui doit diriger les recherches et motiver les conclusions. C'est la soumission aux lois naturelles qui doit seule prévaloir, même quand elle exige le sacrifice d'un sentiment, bon en principe, mais inconciliable avec les conditions essentielles et irrésistibles de l'ordre total. Dans l'univers, on voit bien des choses qui froissent notre sentiment; il y a des accidents, des perturbations, des anomalies apparentes; cependant, on reconnaît, tout pesé et considéré, que ces désordres eux-mêmes contribuent à l'harmonique unité.

L'économie sociale, qui n'est qu'un des modes de manifestation et d'action de la vie universelle, ne peut manquer aussi d'avoir sa part de perturbations et d'accidents, voire de contradictions entre les faits de détail; mais l'harmonie d'ensemble qui, ici, est exprimée par le triomphe de l'intérêt général, dans la paix et l'ordre, doit avoir raison, en fin de compte. Autrement il n'y aurait pas

de science de l'économie sociale possible,
au sens qu'on attache à ce mot.

Mais la constitution de la science de l'économie sociale n'est pas seulement une nécessité reconnue de tous : au milieu des formi-
dables conflits d'intérêt qui passionnent et
terrifient l'époque présente, c'est notre seule
voie de salut.

Avant de continuer la lutte et de marcher
à un sanglant cataclysme, cherchons par les
voies scientifiques s'il n'y aurait pas moyen
de nous entendre. Les intérêts, une fois as-
servis à la passion et coalisés pour combattre, ne trouvent plus de conciliation possible et veulent trancher tout débat par la force,
par l'anéantissement des partis contraires.
On en est venu, par exemple, à voir un antagonisme irrémédiable entre les deux grands
facteurs de la production, le capital et le
travail; mais si, par hasard, il ressortait de
nature des choses que l'un et l'autre eût ses
droits nécessaires et son rôle indispensable
dans l'organisation industrielle, la guerre entre eux pourrait-elle aboutir à autre chose
qu'à une ruine commune ?...

Toutes les démocraties de l'histoire ont péri par la discorde, par la lutte des classes. Rome, Athènes, Florence, etc., ont subi ce destin. Notre pays est en chemin de renouveler l'expérience. Nos discordes politiques se compliquent de plus en plus de guerre sociale. Les journées de juin 1848 et l'insurrection du 18 mars 1871 en font tristement foi. Profitons du moment de répit qui nous reste pour réfléchir et pour étudier. Il n'est que temps. Profitons surtout des moyens supérieurs d'investigation que l'esprit scientifique moderne nous fournit. Autrefois, les problèmes sociaux semblaient insolubles. Il n'en est plus heureusement de même aujourd'hui. La science est faite, tout au moins dans sa méthode et dans ses bases. Adressons-nous à elle avec la certitude que rien, en définitive, ne lui résistera; qu'elle est plus forte que les révolutions politiques et que toutes les coalitions d'intérêts particuliers ou corporatifs, si puissantes qu'elles se croient elles-mêmes et qu'elles paraissent. « La raison de l'homme, a dit Descartes, est infaillible dans tout ce qu'elle voit clairement et distinctement. » Cette vue claire et distincte, c'est la science. Elle est donc la vérité, comme elle est, par cela même, la liberté et la justice !

DEUXIÈME SÉANCE

Caractères fondamentaux de l'économie sociale. — Mécanisme collectif et solidaire de la production et de la consommation des richesses.

L'économie sociale doit faire l'objet d'une science : tout le monde aujourd'hui le reconnaît. On affirme même, de divers côtés, posséder cette science; mais il y a désaccord sur ses principes essentiels. Cela prouve, ou bien qu'elle n'est pas encore découverte, ou bien, tout au moins, qu'une partie de ceux qui pensent la posséder se trompe; car la science est une et non multiple. Il n'y a pas plusieurs chimies, plusieurs astronomies, etc.

Or, d'où vient que la chimie, l'astronomie, etc., sont définitivement découvertes, en tant que sciences, et n'ont plus qu'à progresser dans la voie où elles sont entrées? — Cela vient de ce que les promoteurs de ces sciences ont appliqué à leurs recherches la méthode dite scientifique, qui consiste dans l'observa-

2

tion des faits, sans idées préconçues et sans esprit de système. Il n'y a donc pas d'autre moyen pour découvrir et constituer la science de l'économie sociale que d'employer cette méthode.

Voici ce que nous donne l'observation ainsi dirigée, quant à l'objet en question.

L'économie sociale a pour domaine la société, considérée sous le rapport des intérêts tant particuliers que généraux, dans leurs relations entre eux. Elle forme, à cet égard, un tout, un ensemble, ayant ses éléments et son mouvement propres. Il en est de même pour la société religieuse, qui a aussi ses éléments et son mouvement propres, de la société politique, etc.

Les éléments constituants de la société des intérêts ou de l'économie sociale sont les hommes, en tant que *producteurs* et que *consommateurs*, et les choses qui servent de matière à la production et à la consommation, et qu'on peut résumer par le mot de *richesses*. Mais les richesses n'existent point pour elles-mêmes ; elles ne sont que le moyen, tandis que les hommes sont à la fois les initiateurs du mouvement économique et son but, puisque la production et la consommation des richesses n'ont pas d'autre objet que la satisfaction des besoins de l'homme.

Le rôle de l'homme domine donc celui des choses dans l'économie sociale ; partant, c'est ce rôle qu'il faut principalement envisager.

Nous avons dit que les membres de la société, étudiée au point de vue des intérêts, sont à la fois producteurs et consommateurs. Voyons comment ils accomplissent l'une et l'autre de ces deux fonctions.

Dans toute société et à toute époque, la production se présente à nous comme distribuée, divisée d'abord en grandes classes sommaires, dont les plus générales et les plus saillantes sont l'agriculture, l'industrie, le commerce. Ainsi une portion considérable des membres de la société sont producteurs agricoles, une autre portion producteurs industriels, une autre producteurs commerciaux.

Toutefois résulte-t-il de la distribution ou séparation des producteurs que la production soit d'espèce totalement différente quant à ses résultats ? — Non : c'est la même œuvre qui se poursuit, se continue tour à tour ; de façon que chaque produit a demandé, pour arriver à son achèvement, la coopération successive des agriculteurs, des industriels et des commerçants. Ainsi, par exemple, la soie que transforme en étoffe et que confectionne en vêtements la catégorie de producteurs qui comprend les manufacturiers et les industriels, a été d'abord le résultat d'une lente production agricole. C'est encore ce même produit que les agents commerciaux transportent, entreposent et mettent finalement à la portée des consommateurs.

Toutes les richesses donnent lieu à une semblable collectivité d'actes productifs. Il y a donc unité dans la production générale, réalisée au moyen de la division des parties.

Mais cette division ne s'arrête pas au classement élémentaire que nous venons de rappeler. L'agriculture se subdivise, ainsi que l'industrie et le commerce, en une foule de fonctions plus restreintes ; puis ces fonctions se ramifient en un nombre non moins grand de professions, de manière que chaque homme en particulier ne fournit qu'une coopération parcellaire dans l'industrie, et même dans l'entreprise spéciale à laquelle il est voué. Et cependant le lien qui rattache les unes aux autres toutes les industries et toutes les professions, pour l'unité de l'œuvre productive, n'est jamais rompu. C'est comme un tissu dont chaque maille tient tellement aux autres que, si une seule vient à manquer, l'enchaînement des coopérations n'existant plus, l'œuvre totale se trouve compromise.

Tel est le premier caractère du mécanisme naturel de l'économie sociale : unité de production obtenue par la coopération parcellaire des producteurs.

En est-il de même pour la consommation ?

Ici les choses se présentent sous un aspect inverse. Chaque consommateur agit pour son propre compte, en ce sens que ce qu'il consomme ne sert qu'à lui. Et il n'en peut être autrement, puisqu'il s'agit de la satisfaction des besoins qui sont essentiellement personnels. Néanmoins, dans un autre sens, la consommation relève de la collectivité sociale, car chaque homme consomme les produits émanant de la coopération universelle. Si chaque homme, en effet, ne fournit à la production qu'un genre de concours particulier, par suite de la spécialité de sa profession, il a néanmoins besoin de toute espèce de produits, aussi bien de ceux auxquels il n'a pas coopéré directement que de ceux auxquels il a coopéré.

Tel est le second caractère de l'économie sociale naturelle. L'homme, en tant que consommateur, reçoit de toute la société les moyens de satisfaction si divers que réclament ses besoins.

C'est, d'ailleurs, la conséquence légitime et nécessaire de son rôle de producteur, où il travaille lui-même pour tout le monde.

Ainsi, en résumé, chaque homme produit pour ses semblables et consomme le fruit du travail de ses semblables.

Cependant ne vaudrait-il pas mieux que chacun travaillât exclusivement pour lui seul et se suffît à lui-même? Il n'y aurait plus dès lors de motifs de récrimination. On ne pourrait pas dire que ceux-ci sont exploités par ceux-là.

Cela est vrai; mais l'économie sociale serait du même coup supprimée. Or l'homme ne peut vivre sans la société. Il perdrait, avec le secours de ses semblables, la plupart des moyens de satisfaction et de développement que ce secours lui procure. L'expérience démontre que la division du travail accroît dans des proportions incalculables ce que la puissance personnelle de chaque homme, réduit à ses seuls efforts, serait susceptible de fournir.

C'est ce qui explique pourquoi nulle part la vie isolée ne se manifeste ou ne se maintient. Il y a sur le globe d'immenses espaces qui pourraient être occupés par la colonisation individuelle. Ces espaces demeurent déserts tant que des établissements sociaux ne s'y réalisent pas. L'homme isolé se sent impuissant à triompher des privations, des périls et des fatigues qui seraient attachés à son existence dans de telles conditions.

Il faut en conclure que l'état social, quelqu'imparfait qu'il soit, procure à tous ceux qui en font partie des moyens de consommation plus abondants et plus sûrs, et cela grâce au mécanisme solidaire de la collectivité de production.

Mais comment peut-il se faire que chaque homme ne concourant qu'en un point très-restreint à l'œuvre productive, ait accès, comme consommateur, à l'ensemble des résultats du labeur universel ?

Cela est dû au mécanisme de l'échange. L'économie sociale est à la fois un atelier de production et un marché. Tous les jours, de toutes parts, les services et les produits s'échangent entre eux. Une marchandise-type, la monnaie, adoptée comme représentatif et comme évaluateur de toutes les autres, permet de soumettre l'infinie variété des produits et services échangeables à l'unité de transactions.

Quelles sont les bases sur lesquelles s'opèrent ces transactions? — Ce sont l'utilité commune de ces services et produits pour la satisfaction des besoins humains et l'appréciation de leur équivalence. Comment se détermine cette équivalence? — Par le libre jugement des échangistes demandant et offrant, à la fois ou tour à tour, les choses qui doivent s'échanger.

Ici semble apparaître un double principe d'antagonisme. D'un côté, les offrants d'un même genre de services ou de produits se disputent la préférence des demandants, et, d'un autre côté, les premiers, à titre de producteurs, ont un intérêt opposé à celui des seconds, à titre de consommateurs. Ceux-là veulent vendre cher et ceux-ci acheter bon marché. Mais c'est précisément cette apparente inconciliabilité des intérêts qui fait la sauvegarde mutuelle contre les exigences de chacun. Tous étant à la fois vendeurs sur un point et acheteurs sur les autres, les services sont constamment balancés et compensés par le mécanisme naturel de l'échange. En définitive, qui tranche le débat ? — Le besoin commun, auquel chacun est obligé, à son tour, de subordonner ses exigences personnelles.

Pour que ce résultat se produise, en thèse générale, une seule condition est nécessaire, à savoir, que le marché soit libre, ou, en d'autres termes, que l'individu ne puisse imposer son service à autrui par la violence, ni qu'aucune puissance étrangère à l'économie sociale vienne altérer les garanties dont s'entoure de lui-même l'échange. Or, cette liberté est inhérente, en principe, à l'économie sociale ; elle ressort de sa conception et de son mécanisme naturels. Nous le démontrerons plus amplement par la suite.

Ainsi l'économie sociale a pour base première et fondamentale l'aide mutuelle entre les hommes, qui se réalise au moyen de cette association naturelle dont la production et la consommation sont le moyen et le but, et dont la division des tâches et l'échange sont les rouages essentiels. Il est évident qu'il n'y a rien là de factice. Il est évident que la société humaine ne peut se former et se maintenir que par là. Il est évident que cette association est une source d'immenses avantages pour tous ceux qui en font partie.

Dévoilons encore mieux sa portée.

La production n'a pas seulement pour fin de subvenir aux besoins présents de consommation. Une portion de ses résultats survit à cette consommation, soit sous forme d'épargnes, soit sous celle d'amélioration des instruments producteurs. Otez cette seconde fin à la production, l'économie sociale, en tant que puissance de création de la richesse, sera vouée à l'immobilisme.

Mais, grâce à l'épargne et à l'amélioration de l'outillage producteur, tout change. C'est ce qu'on appelle la formation des capitaux.

Ces capitaux sont de deux sortes : matériels et immatériels. Les premiers appartiennent, il est vrai, aux particuliers qui les ont créés;

mais comme ils ne peuvent servir qu'en entrant dans le mécanisme social de la production, en même temps qu'ils fournissent à celle-ci un genre de concours dont bénéficient directement leurs possesseurs, ils profitent à tout le monde en accroissant l'abondance des produits, en allégeant le travail humain, — c'est leur vertu propre, — en procurant enfin à ce travail un emploi plus vaste et une rémunération plus élevée. On peut mesurer, en effet, le développement de rémunération du travail humain, en chaque pays et à chaque époque, d'après la quantité de capital existant. Une partie de ce capital est même marquée d'un caractère de propriété commune qui le soustrait à l'exploitation privée. C'est ce qu'on nomme le capital public. Les voies de communication de tout ordre, les monuments et les institutions d'utilité générale, les ressources du budget, les domaines de l'Etat, etc., constituent une sorte d'appareil unitaire fonctionnant pour le profit de tout le monde, sans acception de classes ni de personnes, et inaliénable par nature autant que par destination.

Les capitaux immatériels résident dans

l'ensemble des connaissances générales et des procédés techniques qui éclairent et qui guident la production. On pourrait les définir la science et l'art de produire. Ils sont l'âme de toute industrie, de même que les capitaux matériels en sont l'outillage, l'organisme, le corps; et tandis que ce corps a besoin d'être refait sans cesse, l'âme survit intacte et amplifiée d'améliorations et de découvertes incessantes.

Observons, en outre, que si l'on trouve du capital immatériel, c'est-à-dire une invention, une idée, au fond de chaque outil, de chaque pièce du mobilier de la production, on n'en trouve pas moins dans tout travail. Il y représente le savoir et l'habileté professionnelle; il en détermine le degré de valeur générale. On voit ainsi combien est fausse la séparation, disons plus, l'opposition qu'on déclare exister, en principe, entre le capital et le travail.

Les capitaux immatériels composent, par essence, le patrimoine social. Leur possession effective est bien individuelle; mais comme elle ne relève que de l'étude, il n'y a ni monopole ni limite qui en arrête la diffusion et le partage; ce que chacun acquiert ne diminue en rien ce qui peut être acquis par les autres.

Voilà comment s'expliquent la richesse croissante et l'élévation de niveau général des sociétés humaines, depuis l'origine du monde jusqu'à nos jours. Les capitaux immatériels, pour leur intégralité que n'entame jamais leur emploi, les capitaux matériels par leur mouvement de formation et de renouvellement continu, fournissent aux générations successives un fond d'approvisionnement et de puissance productive dont l'accumulation indéfinie constitue le témoignage et le résultat les plus irréfragables et les plus solides de la civilisation.

L'extension de l'échange qui ressort de ces données est elle-même la source de bienfaits analogues. D'abord très-circonscrit tant que la production est peu divisée et mal outillée, l'échange s'élargit à mesure que la production gagne sur ces deux points, et, à son tour, il favorise dans les mêmes termes le développement de la production.

Si un homme vivait seul, il serait obligé de tout faire, il n'y aurait pas de division du travail. Quand les producteurs sont nombreux, ils fractionnent davantage leurs tâches, parce qu'ils trouvent un marché ou débouché plus vaste pour chaque spécialité de services. De là résultera aussi une répartition plus exacte des richesses, parce que chacun sera moins dépendant de la volonté des producteurs et des consommateurs, envisagés isolément. A chaque degré d'extension de l'échange dans la cité, dans l'Etat, de peuple à peuple, jusqu'aux dernières limites de la société humaine sur le globe, ces avantages et ces garanties se confirmeront et s'accroîtront.

Ainsi l'association naturelle met graduellement tous ceux qu'elle abrite en possession des secours ou des services d'un plus grand nombre d'hommes. Par le capital, nous jouissons de l'héritage des siècles; par l'échange libre, nous jouissons des fruits du travail d'une foule de producteurs, même le plus éloignés de nous.

Il serait donc difficile de ne pas reconnaître que l'association naturelle qui sert de fondement à l'économie sociale, porte des témoignages éclatants de solidarité, d'accord, de justice et de fraternité.

Cependant il ne faut pas méconnaître non plus que les principes contraires,—insolidarité et antagonisme, — exercent aussi leur action dans l'économie sociale, qu'ils y causent de profondes et terribles perturbations, et que la condition des hommes y apparaît sous des aspects bien divers et avec une inégalité énorme dans la participation aux avantages de la vie sociale. Tout cela demande à être étudié de près. Il faudra surtout voir ce qu'il y a de naturel et ce qu'il peut y avoir de factice dans le rôle joué par ces principes.

Mais, en attendant, nous pouvons déjà affirmer que ce rôle doit être subsidiaire, secondaire, par rapport à celui des principes de concordance et de solidarité; car nous avons vu que, grâce à la collectivité de production, chaque homme travaille, avant tout, pour ses semblables, et que, grâce à la rivalité qui s'établit dans l'échange des services, chaque homme ne peut obtenir gain de cause sur ses rivaux qu'en rendant son concours préférable au leur. L'égoïsme est donc, ici, visiblement subordonné à l'intérêt général.

II

Résumons-nous. — La science de l'économie sociale a pour objet l'organisation de la vie économique en société, incluse toute entière dans la production et la consommation des richesses.

La production s'opère unitairement et collectivement, en ce sens que toutes les industries coopèrent aux mêmes œuvres productives, se soutiennent et se complètent mutuellement. Elle résulte donc d'une distribution ou division générale des professions de travaux, des tâches, en vertu de laquelle chaque homme, en tant que producteur, se trouve l'associé, le collaborateur naturel des autres hommes et travaille pour eux en même temps que pour lui.

La consommation, bien qu'elle soit individuelle, comme les besoins qu'elle a pour mission de satisfaire, se pourvoit sur le fond général des fruits de la production; d'où il ressort que chaque homme tire ses moyens de subsistance du travail des autres hommes, de même qu'il contribue réciproquement à leur subsistance.

L'économie sociale repose donc, avant tout, sur l'association naturelle pour la production et la consommation, ou, en d'autres termes, sur l'accord, la solidarité des intérêts, le secours mutuel.

Il est visible que la société humaine ne se crée et ne se perpétue qu'à l'aide de ce mécanisme d'association. Elle lui doit en outre la possibilité de faire profiter chaque génération sociale des acquisitions durables, réalisées, sous le nom de capitaux matériels et immatériels, par les générations antérieures et d'étendre progressivement de peuple à peuple les avantages de l'échange, c'est-à-dire la coopération réciproque de production et de consommation des richesses.

On peut en conclure que le progrès futur est encore essentiellement lié à l'extension et au plus complet fonctionnement de cette association naturelle. Le but à atteindre y apparaît comme la réalisation d'une sorte de société universelle, devant donner à tout homme l'aide de tous les autres hommes pour triompher de la misère, de la discorde et de l'oppression dont on a tant souffert dans le passé et qui exercent encore tant de ravages au sein des sociétés même les plus avancées.

Quoi de plus consolant et de plus moral qu'une pareille conclusion ?

Serait-il possible, d'un autre côté, de contester l'exactitude de l'analyse qui la fournit, et de ne pas reconnaître que c'est bien le fond nécessaire et universel du mécanisme économique des sociétés humaines dont cette analyse nous livre la connaissance ?

Nous avons donc le droit d'affirmer que tels sont les caractères fondamentaux de l'économie sociale naturelle.

La base première de la science est posée.

———◆◆———

TROISIÈME SÉANCE

La liberté du travail et la liberté des échanges

Les faits si simples que nous venons de décrire, n'avaient pas pu cependant être perçus et élucidés sans le secours de la méthode d'observation scientifique qui caractérise l'âge moderne.

Ce fut seulement au 18e siècle, siècle rénovateur entre tous, sous le rapport des sciences morales et politiques, et dont a dit qu'il avait retrouvé les *titres du genre humain,* que la conception de l'accord des intérêts, par le mécanisme de l'association naturelle, fut mise à jour.

Il y avait alors, parmi les philosophes et les sociologues, tendance générale à la recherche de l'*État de nature,* que chacun d'ailleurs concevait suivant la pente propre de son esprit : Rousseau, comme une négation plus ou moins tranchée de l'état social, d'autres, comme un retour à telle ou telle phase de l'histoire : vie sauvage, vie pastorale, démocratie antique, etc., d'autres enfin comme une absorption complète de l'économie sociale dans l'organisation politique et juridique.

C'est qu'il fallait, pour résoudre le problème, une observation directe des phénomènes de l'ordre économique. Un groupe de penseurs s'y voua spécialement, et l'opinion publique donna à ce groupe le nom de *Secte des Economistes*. Ces observateurs se spécifiaient eux-mêmes de préférence sous le nom de *Physiocrates*, et appelaient l'ensemble de leur doctrine *Physiocratie*, mot qui, d'après son étymologie grecque, signifie règne ou gouvernement de la nature.

C'était, en effet, l'ordre NATUREL et ESSENTIEL de l'économie sociale que les physiocrates estimaient avoir découvert, et qu'ils voulaient substituer aux institutions, à tant d'égards, factices qui régissaient encore le monde des intérêts. Ils concevaient d'abord cet ordre comme distinct de l'appareil politique et comme ayant ses lois propres. Pour eux, l'essentiel était de savoir comment « les richesses se produisent et se distribuent spontanément dans le corps social. » La question une fois posée ainsi, ils virent clairement que l'économie sociale a pour base première, comme nous l'avons dit, la concordance générale des efforts et le secours mutuel.

Bien que les *Physiocrates* n'aient été que les précurseurs de la science, ils en ont préparé l'avènement d'une façon décisive et ont ouvert la voie aux découvertes ultérieures. Cependant ils furent d'abord assez peu compris et appréciés de leurs contemporains et passaient pour d'ingénieux analystes plutôt que pour des novateurs hardis et profonds. Mais l'impression changea lorsqu'on les entendit conclure pratiquement par ces formules singulières : « *laissez faire, laissez passer,* » c'est-à-dire, « donnez à la production, à l'industrie, au travail, une complète liberté ; supprimez les entraves qui gènent ou arrêtent le commerce, la circulation des produits, l'échange. »

Ce n'était rien moins que le bouleversement de toutes les idées reçues et le contre-pied de toutes les institutions existantes, en matière d'économie sociale. « La liberté de l'industrie et celle du commerce ne pouvaient aboutir, pensait-on, qu'au déchaînement des intérêts particuliers contre l'intérêt général, sous l'impulsion de l'égoïsme, de la cupidité et de l'envie. C'était vouloir l'anarchie; c'était instaurer une lutte immense et sans frein, et saper toutes les bases de l'ordre. Plus de respect des positions et des droits acquis; plus de subordination et de discipline. Le gouvernement serait désemparé de ses moyens d'action et de contrôle, les industries seraient ruinées et avilies, les classes confondues, l'ambition et l'impéritie laissées maîtresses du terrain, le travail, la vie nationale, livrés en pâture à l'étranger, le peuple affamé, etc. »

On devait, en effet, raisonner ainsi tant qu'on partait de l'ancienne conception d'économie sociale, qui avait dominé toute l'histoire et qui se résumait dans la croyance à un antagonisme inné et irrémédiable des intérêts entre eux, conformément à l'axiôme, universellement professé : « le profit des uns fait le dommage des autres. »

Mais les économistes, de leur côté, ne faisaient que tirer des conséquences logiques de la conception nouvelle, fournie par l'observation du mouvement naturel des choses.

S'il est réel que chaque industrie, chaque profession, chaque effort personnel de production s'engrène dans le mécanisme social et unitaire de la production et qu'ainsi, personne ne produit pour son propre compte, en dehors et à l'encontre de l'œuvre commune, et si la part que chacun retire de cette œuvre commune ne peut lui échoir qu'en suite de l'échange des services mutuels, sur la base de l'équivalence et selon l'appréciation faite de ces services par la société, à quoi bon comprimer les intérêts particuliers, monopoliser les industries, enchaîner ou réglementer autoritairement les échanges ?.. Plus l'intérêt particulier s'évertuera, dans un tel régime, plus il y mettra d'ardeur et d'énergie à la poursuite de son propre bien, plus, par là-même, il fera acte de dévouement, le voulant ou ne le voulant pas, à l'intérêt général. Ce qui dénaturait son action, c'était précisément le système de priviléges, de contraintes et de restrictions dans lequel on le plaçait.

Prenons pour exemple quelque industrie que ce soit, la fabrique lyonnaise, si l'on veut. Mise en possession de sa pleine liberté de produire, elle fabriquera dans toute la mesure de sa puissance; mais, pour qui travaille-t-elle, en réalité? — Pour la société entière, pour toute la France, pour tout l'univers, si faire se peut. Quel est donc le résultat final de son activité productive? — L'approvisionnement, l'abondance du marché consommateur; et plus cette abondance s'accroît, plus devient facile l'accès des produits à tous les rangs de consommateurs, car cette abondance a pour résultat nécessaire, l'abaissement du prix des produits. Mais la fabrique peut-elle imposer ses services à la société consommatrice? — Elle ne le peut que d'une manière, s'il y a liberté, c'est en satisfaisant mieux que ne saurait le faire aucune de ses rivales les besoins de la dite société, autrement dit, en lui rendant plus de services. En vient-elle à dépasser cette limite ou à sortir de cette voie, la consommation s'arrête, et la fabrique succombe sous le poids de ses propres fautes. C'est affaire à elle, de se modérer ou de se redresser. Toute autre industrie est dans le même cas.

Considérez maintenant les rapports des diverses industries entre elles. Comment chaque homme, comme producteur, est-il rémunéré des services qu'il rend? — Au moyen des services qu'il reçoit des autres hommes. Comment donc chaque industrie tire-t-elle profit de l'écoulement de ses produits ? — Par la possibilité d'acquisition des produits des autres industries. Chaque industrie a donc intérêt à ce que les autres industries produisent beaucoup elles-mêmes, afin de pouvoir beaucoup échanger. Toutes sont donc solidaires pour la liberté et la prospérité.

Aussi, quand la fabrique marche à Lyon, tous les genres de commerce s'en trouvent bien : il y a bien-être général. Quand la fabrique s'arrête, tout le monde, fabricant ou non, en souffre.

« Mais, objectera-t-on, avec la pleine liberté du travail et de l'industrie, les entreprises du même genre se multiplient sans mesure et se nuisent réciproquement. » — Cela peut arriver sans nul doute; seulement qui posera à point des limites ? Il n'appartient qu'à la consommation elle-même d'y pourvoir.

La multiplication des entreprises ne plaît point aux entreprises anciennes, qui aimeraient mieux jouir en paix de leur position acquise; mais ce sentiment est en opposition avec l'intérêt général, qui ne peut que gagner, lui, à la multiplication des entreprises, source d'un surcroit d'abondance des produits. De quel droit d'ailleurs, les producteurs anciens voudraient-ils interdire l'accès de la production aux producteurs nouveaux, agissant, en somme, à leurs risques et périls ? Invoqueront-ils un privilége ? On ne voit pas quel pourrait en être le fondement. Tout privilége porte atteinte à la liberté et à la justice. D'ailleurs, l'expérience du régime de privilége a duré assez longtemps et coûté assez cher pour trancher le débat. Qui faisait les frais de ce régime ? — C'étaient, d'une part, la société entière à titre de consommatrice, d'autre part, les producteurs évincés de la lice. L'intérêt général et le droit étaient donc sacrifiés. Ce qui se traduisait extérieurement par une faiblesse relative de production et de consommation.

Nous venons de prononcer le mot de droit et de montrer que l'intérêt général et le droit triomphent conjointement avec la liberté.

Cette concordance de l'intérêt et du droit est un point capital. Quel a été en effet l'objet suprême des revendications du progrès en politique, en philosophie, en religion, en sociologie, en tout ce qui tient à la personne humaine ? — C'est la conquête du droit. Partout, il y avait des priviléges dominateurs qui se montraient mécontents d'être désemparés au nom du droit : les a-t-on écoutés ?..

Il ne peut en être autrement en économie sociale. Ici, le premier de tous les droits réside évidemment dans la liberté pour chaque homme de disposer de ses facultés productives. Et ne parlez pas plus, à cet égard, de droits corporatifs, que s'il s'agissait de castes politiques, sociales, etc. Le droit est essentiellement personnel, et le prétendu droit corporatif n'est qu'un empiètement sur le véritable droit. C'est ce que la démocratie moderne affirme et réclame dans toutes ses manifestations vraiment libérales et progressives.

Ainsi, l'économie sociale repose, comme toute la démocratie, sur le droit naturel et personnel, et démontre la pleine concordance de ce droit avec l'intérêt général. Dès lors, l'objection contre le droit, tirée de l'antagonisme supposé des intérêts, tombe : tout prétexte à l'asservissement plein ou mitigé du travail disparait sans retour.

N'a-t-on pas dit, suivant les temps, que l'économie sociale ne pourrait fonctionner sans l'esclavage, sans le servage, sans la corporation privilégiée, sans les réglementations légales? Eh bien, non-seulement l'économie sociale a pu vivre sans chacun de ces modes successifs d'assujettissement du travail, mais encore elle a mieux vécu; elle a développé une énergie productive croissante. N'est-ce point le résultat naturel et nécessaire de ce mécanisme d'économie sociale en vertu duquel chacun ne peut exercer son énergie laborieuse qu'en produisant pour les autres et satisfaire ses besoins qu'avec les produits de l'œuvre commune? Laissez donc ce mécanisme fonctionner librement, et vous reconnaîtrez que l'intérêt et le droit marchent d'accord, que la justice et l'utile sont intimément concordants.

Il n'est pas difficile d'ailleurs de comprendre pourquoi la liberté du travail est si profitable à tous. « On travaille bien, a dit Rousseau, quand on travaille pour soi. » Le travail atteindra donc, avec la liberté, un plus haut degré de puissance. Pourquoi l'a-t-on soumis, tour-à-tour, à l'une des formes d'asservissement que nous rappelions ci-dessus? — C'était toujours pour que les fruits de la production appartinssent à d'autres gens que le travailleur lui-même, pour que celui-ci donnât sans recevoir d'une façon équivalente. Dans ces conditions, le travail ne pouvait être que languissant. Son ressort intime, l'intérêt personnel, était comprimé ou brisé. Rendez à ce ressort son action, et le travail se développera avec une énergie décuple. Qu'est-ce que le travail d'un esclave auprès de celui d'un homme libre? — Peu de chose.

D'autre part, le mécanisme naturel de production divise à l'infini les tâches. Qu'en ressort-il?—Que chacun travaille suivant sa vocation personnelle, c'est-à-dire avec le meilleur instrument de production, avec la plus puissante faculté qu'il possède. On ne voit plus dès lors, comme sous un régime de contrainte ou de classement privilégié, les fonctions se transmettre héréditairement, sans considération pour les aptitudes distribuées par la nature. Toutes les carrières sont ouvertes au courage, à l'habileté, au génie.

Reste la question d'éducation. Mais cette question, obstacle invincible, hors de l'économie sociale naturelle, à ce que la vocation et le savoir-faire acquis répartissent seuls les fonctions et opèrent le renouvellement incessant des conditions et des classes, devient secondaire et d'une solution certaine avec et par cette économie sociale. Dans la société de non-liberté du travail ou de priviléges, les privilégiés ont intérêt à ce que les exploités restent inhabiles. Dans la société libre, l'intérêt général a tout à gagner au développement de toutes les aptitudes et de toutes les énergies productives, parce que tout le monde tire profit de l'effort individuel. On y considérera donc l'éducation générale comme une source féconde de prospérité commune; les dépenses vouées à ce but sembleront le plus lucratif des placements et le meilleur mode de formation des capitaux.

C'est la grande réforme à l'ordre du jour. au temps où nous sommes.

II

Il ne suffit pas de produire, il faut distribuer ou échanger. La liberté des échanges est donc le complément indispensable de la liberté du travail. « Laissez passer, » criaient les Physiocrates.

Comment y pourvoir ? — Le bon sens l'indique. Il faut renverser les barrières, étendre

le plus possible le marché. Il faut, d'une part,
rendre le commerce libre, et, d'autre part,
créer ou multiplier les moyens de communi-
cations, de transports, de transactions, etc.

On objecte que la liberté des échanges
porte en croupe avec elle la concurrence.
Cela est vrai, la liberté des échanges n'existe
même en fait et pratiquement qu'en proportion de l'existence de la concurrence, c'est-à-
dire de la rivalité ou de la compétition des
producteurs et des consommateurs entre
eux. Nous étudierons plus tard, en lui-même,
le principe de la concurrence. Bornons-nous
maintenant à rappeler une observation déjà
faite.

Quand il y a monopole ou non pluralité de
producteurs, l'intérêt général des consommateurs, qui sont tout le monde, est asservi
aux prétentions du monopole; s'il y a pluralité de producteurs, c'est l'intérêt général
qui fait la loi. L'équilibre et la justice veulent
donc qu'il y ait des deux côtés pluralité, et
par conséquent concurrence.

Chacun d'ailleurs remplit tour à tour les
deux rôles de vendeur et d'acheteur, de sorte
que ce qui lui semblerait dommageable dans

l'action de la concurrence, à un des points de vue, lui apparaît comme avantageux, à l'autre de ces points de vue.

— « C'est possible, 'dira-t-on, mais le rôle prépondérant pour chacun est celui de producteur ou de vendeur. »

L'objection aurait du poids si l'on n'était consommateur ou acheteur que d'une seule chose ou à volonté; comme on a besoin de toutes, la compensation a les mêmes limites que la nécessité d'achat. Vous reperdriez donc en détail, dans votre consommation, ce que l'absence de concurrence vous aurait fait gagner sur l'intérêt général, dans votre production.

Beaucoup de gens ne craignent pas de se retrancher dans une sorte de condition exceptionnelle dont leur industrie propre relèverait, et qui ne lui permettrait pas de subir la destinée vulgaire. Malheureusement tout le monde ne demanderait pas mieux que d'en faire autant. Craignons les illusions de l'égoïsme.

Et puis, si l'on repousse la discipline commune de la concurrence, qui jugera entre les prétentions contraires? — L'Etat? Où est sa compétence? Quelles sont ses garanties d'impartialité ? En définitive, d'où que vienne le triomphe des prétentions personnelles ou corporatives, il y a exploitation sociale. L'intérêt général est compromis; la loi d'équivalence dans l'échange des services méconnue.

Des exemples achèveront notre démonstration.

On récrimine vivement, à notre époque, contre la concurrence pour deux objets entre tous : la fixation du taux des salaires de main-d'œuvre et le commerce international.

Quant au salaire, on croit que sa sujétion à la loi de l'offre et de la demande, qui fonctionne, pour ainsi dire, comme une balance entre les mains de la concurrence, a pour effet de l'abaisser suivant le bon plaisir des patrons. Il y a là une double erreur. Sans méconnaître que la concurrence exerce son action modératrice sur la fixation des salaires comme sur toute valeur qui s'échange, il s'en faut bien que cette action soit aussi opposée à l'élévation des salaires que ne l'a été tout régime de priviléges personnels et corporatifs, ou de réglementation autoritaire. Pour s'en convaincre, on n'a qu'à jeter les yeux sur les pays où ces régimes sont encore plus ou moins complétement en vigueur : on verra que le taux des salaires y est plus réduit que dans les pays où prévaut le principe de la liberté des échanges, sous la discipline de la concurrence, et que plus la concurrence est active, plus les salaires sont élevés. Prenez pour terme de comparaison, à cet égard, l'Angleterre et les Etats-Unis, d'un côté, les Etats de l'Europe orientale, comme la Russie et la Turquie, de l'autre : la généralité des salaires, dans les premiers de ces pays, est de deux à trois fois plus élevée que dans les seconds.

Il est encore inexact de penser que la concurrence livre le taux des salaires à la discrétion des patrons. Ce n'est pas d'ouvrier à patron que s'exerce la concurrence, mais d'ouvrier à ouvrier et de patron à patron. Il faut toujours rappeler, à ce sujet, le mot de Cobden : « Le salaire baisse quand deux ouvriers courent après le même patron; le salaire monte quand deux patrons courent après le même ouvrier. » L'offre du travail est-elle inférieure à sa demande : la concurrence agit tout en faveur de l'exhaussement du salaire, en dépit de la volonté des entrepre-

neurs, et cet exhaussement ne trouve ses
limites que dans la concurrence des dits
entrepreneurs, entre eux, tant pour l'achat du
travail que pour la vente des produits.

Passons au second point. La théorie dite
du protectionisme est spécieuse. Il s'agit,
croit-on, de sauvegarder l'industrie nationale
contre la concurrence étrangère.— On devrait
voir d'abord que cette théorie fait obstacle
à l'avénement de la société universelle et de
ses immenses bienfaits. Mais elle a des inconvénients plus directs. Elle provoque, de
la part des nations étrangères, l'emploi de
représailles qui naturellement s'en prennent
aux industries les mieux qualifiées pour représenter le travail national. Ainsi en est-il, en
France, pour la viticulture, pour les industries de goût, telles que celles qu'on désigne
sous le nom d'*articles de Paris*, pour la fabrique de soieries, etc. Ces industries subissent
le contre-coup de la protection octroyée à
d'autres. Voici plus encore. Qui paie directement la prime de protection ? — La nation
elle-même à titre de consommatrice. C'est un
impôt ajouté à ceux de droit commun, en
faveur d'une portion spéciale des produc-

teurs. Il y a compensation, dit-on, puisqu'on retire d'une main ce qu'on donne de l'autre. — Si la protection s'étendait à toutes les industries, et au même degré, il y aurait en effet compensation. A quoi, dans ce cas, servirait la protection? Uniquement à isoler chaque peuple et par conséquent à comprimer l'essor de la production dans son ensemble. Mais la protection a pour essence d'être partielle et partiale. Témoin la discussion qui vient d'avoir lieu à l'Assemblée nationale, au sujet de la surtaxe de pavillon. On en a affranchi le sucre, le guano; on a refusé cet affranchissement au blé. C'est en vain que chacun, dans de pareilles discussions, entasse des chiffres choisis et combinés pour les besoins de la cause. Les faits sont simples et parlent plus clairement. Toute protection ne peut être acquise aux uns qu'aux dépens des autres, et constitue un sacrifice de l'intérêt général à des intérêts particuliers. Elle est donc en opposition avec les lois naturelles de l'économie sociale.

La protection n'est pas même aussi profitable, en fin de compte, aux industries qui en sont dotées, que la liberté des échanges. Celle-ci retrempe le courage et la valeur des producteurs par la lutte et élargit sans cesse leur horizon. Tout progrès dans cette voie est récompensé par un accroissement de puissance productive. Il peut y avoir des défaillances passagères et des déplacements, mais le résultat général et définitif ne se fait guère attendre. Interrogez là-dessus le tableau des importations et exportations internationales depuis les derniers traités de commerce.

QUATRIÈME SÉANCE

La répartition des richesses et la propriété

Nous avons vu que la liberté du travail et de l'industrie est une condition indispensable du développement de la production, en conformité de l'intérêt général, et que la liberté des échanges forme le complément logique et nécessaire de la liberté du travail pour que la consommation concourre pleinement, avec la production, au but essentiel de l'économie sociale, c'est-à-dire à l'aide mutuelle entre les hommes.

Il y a une autre raison non moins grave à invoquer en faveur de la liberté des échanges : c'est que l'échange forme le procédé naturel et pratique de la répartition des richesses dans le corps social. Comment, en effet, chaque producteur obtient-il la rémunération due à son concours ? — Par l'échange incessant, sur le marché général, des services et des produits entr'eux. Que cette rémunération

s'appelle salaire, profit, intérêt, rente, etc.,
c'est toujours au moyen de transactions résultant du mouvement des échanges que se
détermine et se distribue la part de richesse
afférente à chacun des membres de la société
qui produit ou consomme.

Or, il se trouve que, grâce au procédé de
l'échange, c'est en réalité le jugement social
qui préside à cette répartition, en soumettant
aux décisions de la concurrence les prétentions individuelles. Si donc l'échange n'est pas
libre, c'est-à-dire si des priviléges légaux ou
une intervention autoritaire quelconque font
obstacle au libre débat des intérêts dans l'é-
change des services et des produits, tout le
mécanisme de la répartition des richesses se
touve faussé : les uns reçoivent plus qu'il ne
leur est dû, les autres moins.

L'économie sociale une fois constituée,
toute acquisition de fortune, toute formation
de propriété doit découler du mécanisme de
la répartition, et, conséquemment, de l'é-
change. N'importe-t-il pas au suprême degré
que cette acquisition et cette formation soient
d'une légitimité irréprochable? A ce prix, la
propriété possède une double consécration :

celle, d'une part, du travail ou des services rendus, celle, d'autre part, de la pleine adhésion sociale, ressortant de la liberté d'échange qui a présidé à la rémunération individuelle. En d'autres termes, la propriété se trouve ainsi justifiée, au double point de vue du droit personnel et de l'utilité commune.

« Mais, dira-t-on, la propriété ne naît pas de l'échange, car elle le précède, tout au moins en fait : on ne peut échanger que ce qu'on possédait déjà par avance. »

Cela est vrai : afin de connaître l'origine et les causes premières de l'appropriation, il faut remonter au point de départ de l'existence sociale.

L'homme se trouve, avant toute convention mutuelle, en face de la nature inférieure, et l'appropriation apparaît ici comme un fait de nécessité. Il ne s'agit point encore de droit, sauf celui de vivre, qui ne peut s'affirmer que par la prise de possession de ce qui est encore inoccupé. Cette prise de posession s'impose, pour ainsi dire, à toute créature vivante, sans autre justification que le besoin et la force. Les animaux ne connaissent que ce mode de possession, qui se restreint pour eux, généralement parlant, aux fruits spontanés et à la portion d'espace indispensable à leur résidence.

L'homme primitif agit de même, sauf pour l'extension qu'il donne à son occupation du sol. Cette occupation prend un caractère plus durable et plus décisif à mesure que l'agglomération humaine se forme et s'accroit par la famille et la tribu. Elle constitue dès lors un premier degré de propriété, basée simplement sur le droit de premier occupant. Ce n'est pas un droit, dans l'acception philosophique et juridique du mot, mais cette propriété de fait est rendue légitime, tant par sa nécessité que l'absence de tout autre fait supérieur ou antérieur.

Le droit de premier occupant marque donc l'origine de l'appropriation naturelle du sol et de ses produits spontanés.

Mais l'homme ne peut se contenter de vivre, comme les animaux, au jour le jour. Il veut assurer ses moyens de subsistance future et accroitre ses ressources présentes. La culture du sol pourvoit à ce double objet, et alors la propriété reçoit sa consécration directe. Le terrain, défriché et cultivé, acquiert une productivité plus grande et mieux appropriée aux besoins humains, et cette plus-value, donnée au terrain, est légitimement acquise par le cultivateur en suite de son travail. Or, comme elle est inhérente à ce terrain, inséparable de lui, il y a encore nécessité à ce que le fonds fasse partie de la propriété créée par sa mise en culture. Que la propriété du sol soit individuelle ou collective, il est pareillement nécessaire que la propriété exclusive du fonds garantisse ou complète celle de la plus-value ajoutée au sol par sa culture.

Les partisans de la propriété collective ou communiste, n'ont donc pas le droit d'arguer d'usurpation la propriété individuelle, car la prétendue usurpation du fonds existe avec l'un et l'autre régime.

D'ailleurs, au nom de quel autre droit refuserait-on la propriété du fonds à celui qui l'a conquis sur le désert, au prix de ses sueurs? Au nom d'un droit humain, universellement parlant? Il serait étrange que les membres de l'espèce humaine qui n'ont pas travaillé, qui n'ont pas accru la productivité du sol, eussent sur lui un droit de possession supérieur ou seulement égal à celui du cultivateur.

Rousseau a dit : « La terre n'est à personne et les fruits sont à tout le monde. » Quoiqu'on ne sache pas d'où pourrait naître une telle différence de droit entre la terre et ses fruits, si la terre n'est à personne, il n'y a donc point de propriété naturelle du sol et le cultivateur peut se l'adjuger sans scrupule, pour ne pas perdre la possession du résultat de ses travaux de culture, qui est bien légitimement à lui.

Ainsi, la propriété du sol et de ses fruits, une fois qu'il a été mis en culture, devient un droit personnel comme le travail dont elle émane, et l'économie sociale possède une de ses bases essentielles de division des fonctions et d'échange des services.

Elle ne saurait même exister sans cela. « Le premier homme, dit encore Rousseau, qui mit une borne au coin d'un champ et écrivit dessus : CE CHAMP EST A MOI, fut le véritable fondateur de la société civile. »

Mais si l'homme qui a agi de la sorte ne faisait qu'user de son droit, puisé dans le travail, il en ressort que la propriété est de droit naturel ou personnel, et que c'est à ce titre qu'elle prend pied dans le droit social.

Il ne saurait exister d'autre droit social que la collectivité des droits individuels, et si le droit social prétend périmer ou comprimer le droit individuel, il ne représente plus que la tyrannie et la spoliation. L'économie sociale n'a pas d'autre objet que le secours mutuel, la garantie et la défense communes. Tout ce qui dépasse cet objet doit être tenu pour abusif et pour factice.

Voyons, d'ailleurs, comment se comporte le droit social à l'égard du droit individuel, dans les pays où s'établit à nouveau la propriété, sous un régime de liberté et de droit commun. Les Etats-Unis nous offrent incessamment ce spectacle. Quand la colonisation y commence sur un territoire jusqu'alors inculte et inoccupé, le colon achète, il est vrai, la portion du sol qu'il veut posséder. Mais en réalité, qu'est-ce que vend l'Etat? C'est moins la valeur intrinsèque de l'emplacement que les garanties de possession et de protection qu'il se fait fort de donner à l'acheteur, et, en sus, les avantages sociaux résultant de la création des routes et de la proximité du marché, auxquels le colon aura ainsi part.

Et ce qui prouve que c'est bien cela que le

dit colon achète véritablement, c'est qu'il pourrait aller s'établir au-delà du territoire constitué en Etat sans qu'il lui en coûtât rien. Il y prendrait possession, gratuitement, d'immenses espaces. Il préfère acquérir, à titre onéreux, là où un commencement de fonctionnement d'économie sociale vient ajouter à la simple possession de premier occupant ses garanties et ses bienfaits. Il devient ainsi propriétaire au point de vue juridique. La société sanctionne son droit d'une façon définitive; elle prend l'engagement de le respecter et de le protéger, à la seule charge de culture, du fait du colon. Voilà le vrai contrat social intervenant entre l'individu et la collectivité pour leur avantage commun.

Mais il n'en a pas été ainsi, d'ordinaire, dans la fondation des sociétés politiques ou des Etats. Presque partout la propriété du sol a procédé d'un fait de conquête à main armée. Tous nos Etats modernes ont cette origine historique. La propriété y fut d'abord basée sur le droit de conquête. La loi vint consacrer ce droit, qui n'était au fond qu'une usurpation opérée sur les possesseurs primitifs. C'est pourquoi la propriété, ainsi établie, avait un caractère collectif plus qu'individuel. C'était une propriété de caste, appartenant à la race conquérante et qui emportait la spoliation et l'exploitation des races vaincues. La propriété n'avait donc pas d'autre base, dans ces conditions, que la loi écrite et édictée par les vainqueurs; et toutes les institutions économiques étaient faites en concordance de ce principe.

Partant, pas de liberté du travail, pas de liberté des échanges, pas de droit commun. La propriété n'a pu revenir, dans nos sociétés, à son existence normale, qu'après que l'évolution politique et économique eût fait justice des institutions issues du droit de la force et leur eût substitué graduellement celles qui dérivent de l'économie sociale naturelle, et qui, attachant l'acquisition des richesses et la propriété à l'échange libre et volontaire des services, leur fournit, comme nous l'avons dit, la double consécration du droit personnel et de l'utilité commune.

Ainsi, en résumé, il y a d'abord cette appropriation nécessaire qu'on nomme le droit du premier occupant. La culture ou l'industrie donne naissance au droit positif, basé sur le travail. Enfin le mécanisme naturel de répartition des richesses, en vertu duquel chacun ne recueille que la rémunération des services rendus par lui à la société, ajoute au droit personnel la sanction sociale.

Mais puisqu'il n'existe pas de droit humain, supérieur ou opposé au droit personnel, toute la légitimité de cette sanction sociale gît dans l'utilité générale ou commune. Cette utilité générale est donc le seul terrain possible de débat entre les partisans de la propriété individuelle et ceux de la propriété collective, puisque celle-ci ne saurait avoir d'autres bases juridiques que celle-là. Nous l'avons démontré précédemment.

Que disent à cet égard les partisans de la propriété collective? On affirme que ce mode de propriété convient mieux à la production en grande échelle, dont la supériorité sur la petite industrie est un fait acquis à la science; ils ajoutent que la production complétement solidaire permet seule de répartir équitablement la richesse et de faire disparaître l'inégalité des conditions sociales.

Examinons la valeur de ces arguments.

D'abord, admettra-t-on que la propriété

individuelle fasse obstacle à un mode de produire quelconque? L'association libre réalise, sous nos yeux, toutes les combinaisons désirables de grande industrie; témoin les manufactures, les usines, les compagnies de chemins de fer, etc. Quant à la production agricole, il n'est rien moins que sûr qu'elle se prête heureusement, de tous points, à l'exploitation collective. La petite culture présente une somme d'avantages qui montrent qu'elle a son champ d'activité naturel et fécond. On peut même dire que les spécimens de propriété foncière collective qui ont existé dans le passé ou qui existent encore maintenant, déposent en faveur de la propriété individuelle du même genre.

Secondement, il faut observer que la propriété commune ne pourrait arriver à modifier, dans le sens de l'égalité des parts ou des conditions, la distribution des richesses, qu'en détruisant toute liberté des échanges et, conséquemment, qu'en faisant abstraction du principe de justice dans la rémunération des services rendus par chaque membre de la société. Dès lors, le ressort de l'intérêt personnel, si puissant chez l'homme, au lieu d'agir en concordance de l'intérêt général, comme il arrive dans le mécanisme naturel de l'économie sociale, agirait en opposition de cet intérêt général.

La société retournerait donc vers ces époques où l'exploitation des uns par les autres, résultant des priviléges de répartition, empêchait à la production de se développer. Ce qui signifie que le bien-être général diminuerait au lieu de s'accroître, qu'en place de riches et de pauvres, on ne trouverait plus qu'une sorte d'égalité dans la misère, et que cette misère deviendrait incurable.

Avec la propriété individuelle, au contraire, du moment qu'elle possède ses conditions normales de légitimité, la production prend, sous l'aiguillon de l'intérêt personnel, un essor rapide et puissant, et, grâce à l'échange libre des services, sous la discipline commune de la concurrence, chacun recueille une part toujours croissante de la richesse produite. La propriété elle-même s'étend et marche à une généralisation de plus en plus large. Il ne faut que jeter les yeux sur ce qui se passe en Europe, depuis un siècle, pour en demeurer convaincu. Et pourtant nous n'en sommes encore qu'à l'aurore de cette ère économique où la liberté du travail et celle des échanges doivent présider à la répartition des richesses dans le corps social.

Pourquoi donc les récriminations contre la propriété individuelle ont-elles pris, dans notre temps, un degré de violence qu'elles n'avaient peut-être jamais eu? Quel est le reproche essentiel qu'on lui adresse?

On dit que le propriétaire fait acheter à la société les résultats de la productivité innée du sol et des autres forces naturelles, et que cette injustice, inhérente à la propriété individuelle, ne peut disparaître qu'avec elle.

Si ce reproche était fondé, il serait grave, en effet. Reprenons l'examen des faits.

Nous avons décrit ci-dessus la première phase de colonisation dans les pays où elle s'opère librement et sous l'empire du droit commun, comme aux États-Unis.

Cette première phase parcourue, quel est l'état des choses? — L'organisation économico-sociale fonctionne par la division des tâches et des industries et par l'échange des services. Le colon-propriétaire fournit au marché des produits, en proportion de la fertilité naturelle du sol et de son habileté personnelle de culture. C'est dire que toute la société profite de cette fertilité et de cette habileté, et que nul ne songe à contester au propriétaire - cultivateur les bénéfices qu'il retire de son exploitation et de l'accroissement de valeur qui en résulte pour son domaine. On y songe d'autant moins qu'il y a peut-être encore, dans les parties reculées de la contrée, des terrains libres qu'on peut acquérir assez aisément. On ne le fait toutefois qu'autant que l'accroissement de population offre, pour la vente des produits nouveaux, des avantages en rapport avec les frais d'acquisition, de mise en culture, de transport des produits au marché, et aussi de sécurité, par rapport aux périls extérieurs.

Une troisième phase s'ouvre lorsque tout le pays à peu près est cultivé et possédé. C'est l'état de nos sociétés. Quelle est alors la situation des propriétaires ? Par héritage, par vente, etc., la propriété a changé plus ou moins souvent de maître. Elle a augmenté considérablement de valeur et figure sur le marché général des capitaux, où la loi de l'offre et de la demande fixe son prix d'acquisition d'après son rendement, comparé à celui de tous les autres capitaux. Alors le sol très-fertile ne rapporte pas plus au nouvel acquéreur que le sol moins fertile. Un hectare de vigne de la Côte-d'Or coûtera autant de prix d'achat que dix ou vingt hectares de vignoble moins privilégié, au point de vue des qualités natives.

Il arrivera même que la valeur vénale de la propriété foncière s'accroîtra par suite de diverses considérations d'agrément ou de sécurité relative de possession, au point que son rendement sera notablement inférieur à celui des capitaux mobiliers. C'est ce qui se voit dans toute l'Europe civilisée. La propriété foncière est la moins rémunérative de toutes les propriétés, quand le propriétaire ne cultive pas lui-même.

Ce n'est donc plus pour le bénéfice personnel des propriétaires que fonctionnent les virtualités productives innées du sol et abstraction faite de tout ce que le travail et la science y ont ajouté.

Où va désormais le fruit de ces virtualités naturelles? — Il est aisé de le voir. Elles contribuent à l'abondance du marché ou à la qualité supérieure des produits. C'est donc la société, à titre de consommatrice, qui en jouit. L'abondance des produits en fait baisser le prix et en rend l'acquisition plus facile et plus large; la qualité supérieure de tels ou tels produits suscite, au contraire, une élévation de leur prix, par la concurrence des consommateurs, et ce surplus de prix est un élément de richesse générale dont toutes les classes de producteurs recueillent indirectement une partie quelconque.

Quant au propriétaire lui-même, il ne bénéficie de cette supériorité de prix des produits, fournis par sa propriété, qu'autant qu'il a contribué personnellement à la qualité de ces produits par les améliorations de culture dues à sa propre initiative. Et, dans ce cas, il n'y a que justice.

Au reste, on commet une grave erreur en supposant qu'il en est autrement, à cet égard, de la propriété du sol que de celle de tout capital et même de tout talent personnel. Dans le fond, une seule loi économique gouverne toutes ces sources de productivité. On y trouve pareillement des forces naturelles fournissant un concours gratuit à la production humaine, ou qui devient rapidement gratuit, sous la pression de la concurrence que se font les producteurs entre eux.

Les outils, les machines recèlent aussi, comme le sol, des forces naturelles qui ont pour mission de réaliser l'abondance des produits, conséquemment leur abaissement de prix.

Mais on croira peut-être devoir établir, sur ce point, une distinction entre le sol et les capitaux industriels. « Ceux-ci, dira-t-on, ne rencontrent pas de limite dans leur création, d'où il résulte que les produits qui en émanent sont multipliables à l'infini, et partant d'une abondance toujours croissante. Il n'en est point de même de la terre cultivable, strictement limitée en étendue et en puissance productive. »

Cette limitation est réelle; seulement avez-vous dicerné ses véritables effets? Il en ressort bien que les produits agricoles ne peuvent pas se multiplier à l'égal des produits industriels et que, conséquemment, leur prix ne saurait s'abaisser de même, surtout en présence du développement de la population, mais il n'en ressort pas que les services rendus par la fertilité innée du sol bénéficient plus aux propriétaires, car sa valeur d'acquisition se 'proportionne toujours à son rendement.

Le même rapport se maintient donc entre la productivité de ce genre de capitaux et celle de tous les autres, et il suffit du mouvement naturel de mutation de la propriété pour rétablir ce rapport, quand l'accroissement de sa valeur tendrait à le faire changer. Le monopole relatif, attaché à la possession du sol, ne profite donc pas à ses propriétaires, pourvu que des priviléges portant atteinte à la liberté du travail et à celle des échanges ne troublent point le mécanisme naturel de la répartition.

Concluons donc, avec toute certitude, que la propriété individuelle, issue du travail et consacrée par l'échange libre des services, est en pleine harmonie avec l'intérêt général.

CINQUIÈME SÉANCE

L'inégalité des conditions

La distribution des richesses, en tant qu'elle se réalise au moyen de l'échange libre des services, et la propriété individuelle, fondée sur le travail et sur la rémunération volontaire qu'il obtient par ce même échange, comptent au nombre des bases naturelles de l'économie sociale.

Mais ces principes emportent des conséquences très-graves au point de vue du sort de chaque homme et de son rôle dans la société, conséquences qu'on peut ramener au fait sommaire et décisif de l'inégalité des conditions.

Cela ne veut pas dire que l'inégalité des conditions naisse de l'échange libre et de la propriété : nous le montrerons tout à l'heure. Seulement, elle y puise des caractères et un genre de consécration dont il faut mesurer exactement la portée. Il en résulte classement des hommes, considérés comme producteurs, en *capitalistes* et *salariés,* considérés comme consommateurs, en *riches* et *pauvres.*

Ne craignons pas d'ajouter que ce classement peut être tenu pour indestructible, sous réserve de ne voir dans les termes de capital et de travail rien de contradictoire et, dans ceux de richesse et de pauvreté, rien d'absolu, ni rien qui exprime des proportions fixes et des situations immuables. Déjà, en effet, il n'y a que bien peu de rapport entre l'inégalité des conditions aux temps passés et celle qui existe aujourd'hui; et tout nous donne le droit de penser que la transformation continuera.

Mais ce qu'il nous importe de rechercher, c'est l'influence que l'inégalité des conditions exerce sur l'économie sociale et, tout particulièrement, si elle implique opposition, antogonisme des intérêts, comme l'apparence porte à le croire, et comme l'affirment péremptoirement les adversaires de l'ordre naturel.

Occupons-nous d'abord du capitalisme dans la production.

Le principe de la propriété personnelle est

le fond même de la création et de la conservation des capitaux, par cela qu'il est le but suprême des efforts économiques. Devenir propriétaire ou capitaliste est, aux yeux de chacun, la condition décisive de toutes les sécurités de l'existence et de tout repos durable. Mais si le capitalisme possède de tels avantages, c'est parce que, grâce à sa productivité intime, la richesse acquise porte en elle une force de renouvellement et même d'accroissement incessants, ou, en d'autres termes, parce qu'elle est une source indéfectible de revenus.

C'est ce que tout le monde comprend très-bien. Il faudrait aussi se rendre non moins exactement compte de la manière dont ce résultat est obtenu.

Pour que la propriété ou le capital fournisse un revenu, elle ou il doit être exploité, ce qui signifie qu'il doit s'engrener dans l'appareil collectif et unitaire de la production sociale.

Or, nous savons que cette unité de l'appareil producteur ressort de la division même des industries, des professions, des tâches, puisque chacune d'elles coopère tour à tour à la même œuvre. Nous l'avons exposé maintes fois. La division n'est donc ici qu'un mode de groupement

Mais ce merveilleux agencement de la production n'offre pas de trait plus saillant et plus heureux que la formation d'entreprises partielles et d'étendue inégale, — domaine, fabrique, maison de commerce, etc., — ayant comme une vie à part au sein du mouvement général, malgré la solidarité fondamentale qui les y rattache.

Il semblerait presque impossible d'organiser l'industrie sans ce classement par entreprises distinctes et séparées. Le communisme lui-même ne différerait, à cet égard, de l'organisation naturelle qu'en ce qu'il réunirait dans une seule entreprise tous les travaux de production agricole, industrielle et commerciale que peut comporter l'association communale.

Ceci posé, étudions les éléments constituants et le mécanisme interne de toute entreprise.

Ces éléments peuvent se ramener, en gros, à deux : le capital et le travail, pareillement indispensables, pareillement impuissants à se passer l'un de l'autre. Cela est de toute évidence. Quant au mécanisme, il s'explique par le rôle assigné aux éléments constituants.

C'est le capital qui prend l'initiative de l'enprise, qui la fonde, qui fournit l'emplacement, l'atelier, l'outillage et les matières premières; c'est encore lui qui fait, au jour le jour, toutes les avances de frais de production, y compris les salaires : le travail de main-d'œuvre, surtout, ayant besoin d'une rémunération immédiate pour la sustentation de l'ouvrier qui s'y adonne.

De ce rôle attribué nécessairement au capital dans toute entreprise, il résulte que l'existence, la multiplication et le degré d'importance des entreprises sont, par dessus et avant tout, subordonnés à l'abondance et à l'emploi pour cet objet des capitaux préexistants, et conséquemment à l'initiative de leurs possesseurs. Donc, sans capitalistes-entrepreneurs, pas de fondation d'entreprise possible, à de faibles exceptions près. Il en résulte aussi que la responsabilité de l'entreprise incombe beaucoup plus directement au capitaliste qu'aux salariés qu'il paie par anticipation, c'est-à-dire avant que l'œuvre productive soit accomplie, et qu'il désintéresse, jusqu'à un certain point, par là, à ses propres dépens, de l'issue finale, heureuse ou malheureuse, de l'entreprise.

Enfin le complément naturel et inévitable des circonstances ci-dessus relatées, c'est qu'il appartient aux capitalistes-entrepreneurs de gouverner les entreprises. Leur propre suprématie est la seule sauvegarde équivalant aux intérêts engagés et à la responsabilité sans limites qui pèse sur eux, du commencement à la fin et même au delà, pour ainsi parler.

Tout cela est inhérent à la nature des choses. Il est impossible d'y rien changer, sous peine de frapper les entreprises dans leurs conditions premières d'existence et de prospérité.

Toutefois, la suprématie dévolue au capital dans l'entreprise emporte-t-elle qu'il en ait la direction effective? — Pas absolument. A bien prendre, la direction est une fonction rentrant dans le rôle général du travail. Elle implique en effet un genre de capacité, de savoir-faire spécial, dont le capitaliste peut être ou ne pas être doué.

Pour les entreprises d'étendue restreinte, le

capitaliste-entrepreneur suffit d'ordinaire à la
direction; mais dans les grandes entreprises,
notamment quand le capital est fourni par voie
d'association, la direction devient le plus souvent distincte du capitalisme, bien que dépen-
dante de son choix et soumise à sa surveil-
lance. Il en est de même alors des fonctions
subsidiaires, qui forment, avec la direction,
les degrés divers de la hiérarchie de l'atelier.
On pourrait dire alors que le capital règne et
ne gouverne pas. Ce qui signifie qu'en principe
ce n'est point au capital, comme tel, qu'appartient la direction, mais à la capacité.

Il est visible d'ailleurs que cette distinction,
loin d'aboutir à une opposition d'intérêts, mi-
lite puissamment en faveur de leur concordance. Le capitalisme et la capacité dirigeante
se recherchent mutuellement et triomphent
l'un par l'autre.

La même solidarité d'intérêts unit les subordonnés de tout rang au capitalisme et à
la direction. D'une part, c'est le capital qui, en
créant et en alimentant l'entreprise, procure
travail et salaire à tous ceux qu'elle emploie;
d'autre part, l'habileté de direction bénéficie
aux plus humbles employés comme elle béné-

ficie au capital. Dans une armée, le simple soldat, s'il est bien commandé, participe à tous les mérites de la pensée dirigeante, puisque c'est en raison de cette pensée et non de la sienne propre qu'il agit. La supériorité du chef élève à son niveau l'infériorité des coopérateurs. C'est là l'immense bienfait de la hiérarchie naturelle et sa consécration de légitimité. Pendant la dernière guerre, on entendait sans cesse les soldats français s'écrier : « Ah! si nous avions de bons généraux!... »

Mais il y a un autre point à élucider.

La suprématie du capitalisme dans les entreprises n'a-t-elle pas pour effet d'y livrer le travail de simple main-d'œuvre à une sujétion exagérée? Le capitaliste-entrepreneur, le patron paie l'ouvrier. Il lui alloue un salaire fixe et se réserve les profits, susceptibles d'un degré d'élévation indéterminé. N'y a-t-il pas, sous ce rapport, antagonisme entre le capital et le travail? C'est le grand grief d'aujourd'hui contre le régime du salariat.

La question est vaste et complexe et réclamerait de longs développements; on peut cependant la résumer en quelques traits.

Observons, avant tout, que la part de l'un

n'est pas prise sur celle de l'autre et même ne l'amoindrit pas, en principe, car le résultat total, dû au concours des deux agents réunis, capital et travail — se trouve non seulement égal, mais supérieur à ce que donnerait leur action séparée.

En second lieu, le salaire n'est payé par le capitaliste-entrepreneur qu'à titre d'avance de frais de production. Cette avance doit être recouvrée sur la vente des produits. Or, toute vente est subordonnée aux décisions de l'offre et de la demande. Donc le patron ne peut pas élever les salaires au-dessus des taux fixés par la concurrence pour le genre de travaux dont il s'agit. Il ne peut pas non plus les maintenir au-dessous, en suite de l'action de cette même concurrence sur le prix du travail.

Il reste, on le voit, bien peu de marge à l'arbitraire, pourvu que les institutions ou les lois ne restreignent pas facticement la liberté naturelle du travail et de l'échange. Tout est là, dans le fond. Pas n'est besoin d'une autre protection pour l'ouvrier.

Le chef d'entreprise doit pourtant conserver une certaine latitude d'action, en raison même des rigueurs de la concurrence et des vicissitudes du marché; mais la puissance d'abus qu'il y trouve recèle bien des dangers.

S'il y a pleine liberté, le patron qui paie moins que les autres est abandonné, mal servi, trahi. Il y va donc de son intérêt. Le bon travail n'est jamais trop payé. Profiter de la misère de l'ouvrier, c'est jouer avec le feu. Les grèves le prouvent. Elles reposent sur ce principe que le patron ne peut se passer de l'ouvrier, et c'est parce que ce dernier le sent qu'il y a recours. Ainsi la solidarite du travail et du capital éclate par leur lutte elle-même. Tout se réduit donc à des malentendus provenant de l'ignorance des lois économiques.

En résumé, le capitalisme vivifie la production générale en créant et en soutenant les entreprises dont il possède conséquemment, de plein droit, la suprématie, et dont la direction relève du principe de capacité professionnelle plus que du capitalisme. Il n'y a, dans cette organisation, aucune cause essentielle d'antagonisme d'intérêt entre les agents producteurs, mais, au contraire, commun avantage et intime solidarité.

Voyons maintenant quels sont les effets

de l'inégalité des conditions dans le domaine de la consommation.

Ici se présente bien plus vivement à nos yeux l'opposition de la pauvreté et de la richesse. Engagé dans la production, le capital ne s'appartient pour ainsi dire pas; il est enchaîné à son rôle social. Mais les revenus qu'il procure ont une affectation en apparence toute personnelle.

Ces revenus se traduisent en jouissances, en loisirs, en considération et en influence sociales, etc., tandis que l'existence du non-capitaliste, soumise aux ressources moins assurées du salaire, en subit toutes les vicissitudes, au double point de vue de l'insécurité et, pour un grand nombre d'hommes, d'une modicité qui va souvent jusqu'à l'insuffisance absolue. Spectacle navrant, tant par lui seul que par le contraste des positions et qui devient dangereux pour la paix publique quand de fausses doctrines égarent l'esprit des classes souffrantes.

On suppose alors que la richesse des uns vient de la misère des autres et la perpétue. Ce qui peut être vrai, à un degré quelconque, quand l'acquisition des richesses ne procède pas du travail et de l'échange libre des services, mais ne saurait être imputé, normalement, au principe de la propriété en lui-même.

L'inégalité des conditions ne naît pas de la propriété individuelle. Opérez un partage égalitaire de la richesse existante, l'inégalité des conditions reparaîtra immédiatement.

Il y a donc à l'inégalité des conditions une cause antérieure et supérieure à la propriété et que l'élimination de tout moyen artificiel d'appropriation laissera intacte et inéluctable. Cette cause, c'est l'inégalité de puissance productive et de qualités conservatrices qui se manifeste partout et toujours entre les hommes. Avec la liberté du travail et celle de l'échange, si tous les producteurs fournissaient un concours égal, comme personne ne se fait et ne peut se faire sa part, on ne voit pas d'où naîtrait l'inégalité des conditions ou de fortune, sauf pour les cas de violence ou de fourberie qu'il incombe à la loi pénale de réfréner.

Resterait, il est vrai, la question de chance, de réussite, qui a aussi sa portée. Mais, en y réfléchissant bien, on se convaincra qu'il ne

saurait sortir rien de général ni de durable
d'un pareil principe, en tant que la bonne fortune n'est point le résultat tout le moins
indirect de la valeur native des individus auxquels elle échoit.

On dira que ce qui n'était, au point de départ, qu'un produit du hasard, un accident
ou, si l'on veut même, que l'effet logique d'une
supériorité personnelle, devient, grâce à la
pérennité du revenu et aux avantages sociaux
qu'il procure — éducation, influence politique
et économique, faveur, crédit, etc., — une base
définitive et immuable de classement, et que
l'inégalité des conditions, une fois instaurée,
se perpétue invinciblement d'elle-même. Cela
peut être admis pour un monde où le privilége domine le droit. Dans l'économie sociale naturelle, la richesse acquise ne confère
point à l'inégalité de conditions un pareil
caractère d'immobilisme ni de prédominance.

Conserver la richesse est aussi difficile,
sinon plus, que de l'amasser, et réclame des
qualités toutes différentes, rarement unies
dans le même homme. Il n'y a pas de raison
pour que le producteur habile soit à la fois
consommateur prudent et économe. Avec la

fortune viennent et se développent les goûts
de dissipation et d'oisiveté qui agissent éner-
giquement pour sa destruction. Les anciennes
aristocraties se seraient infailliblement ruinées et éteintes d'elles-mêmes sans l'appui
factice des institutions créées à leur profit.
La division de l'héritage aurait suffi, pour cela,
indépendamment des mœurs.

De notre temps, malgré le bénéfice des faits
accomplis, la plupart des puissants sont des
parvenus du travail; et à mesure que le mécanisme économique fonctionnera plus régu-
lièrement, à mesure que chaque homme devra
plus effectivement conquérir sa position par
des services réels et personnels, sur le terrain
de la concurrence, on verra davantage le capitalisme perdre en fixité ce qu'il gagnera en
diffusion. Le développement moderne de la
petite propriété foncière et mobilière en fait
foi. La presse signalait ces jours derniers, une
particularité qui a son prix, sous ce point de
vue. A propos de la souscription nationale
pour la délivrance du territoire, l'idée vint, à
Lyon, de rechercher dans les archives locales
les traces d'une souscription analogue, qui eut
lieu en 1792. Il ressortit de cette recherche

que presque aucun des noms des gros sous-
cripteurs de la première époque ne figure
dans la classe riche d'aujourd'hui. Une ou
deux générations ont tout changé.

L'inégalité de conditions persistera pourtant
toujours au milieu des déplacements de la richesse, parce qu'elle tient à l'essence des
choses.

Notre époque est engouée d'égalité; mais il
y a plus de passion que de raison, plus de désir d'abaissement des autres que de modestie
personnelle dans cette disposition de l'esprit
contemporain.

Elle dénote surtout une confusion étrange
entre l'égalité de droit commun et l'égalité de
fait. La première est le fondement juridique
de la vraie démocratie et fait corps avec toutes les bases naturelles de l'économie sociale;
la seconde n'est qu'une chimère dangereuse,
uniquement propre à fausser les idées et à
aigrir les âmes.

L'inégalité des forces est une loi de l'univers. De l'astre à l'atome cette loi maîtrise
tout. Dans l'espèce humaine, l'inégalité offre
mille caractères aussi tranchés qu'absolus : la
race, l'individualité, le sexe, l'âge, la confor-

mation physique, les aptitudes intellectuelles, les dispositions morales, etc.

Chaque homme se sent inégal à lui-même dans tel et tel sens, à telle et telle heure. En économie sociale, les puissances productives, les besoins de consommation, les qualités conservatrices ne s'affirment pas moins par l'inégalité que par la diversité. Faites donc sortir de tout cela l'égalité des conditions! Il faudrait avoir outrepassé tous les rêves de l'utopie pour l'espérer. Le communisme lui-même s'en défend, puisqu'il admet l'inégalité des besoins. Seulement il ne veut pas que la mesure de satisfaction des besoins soit proportionnée pour chacun aux services rendus par lui. Agir de la sorte, c'est faire table rase de la liberté et de la justice. Comment ose-t-on dès lors parler de fraternité? Si le monde actuel laisse tant de prise aux récriminations de l'intérêt personnel et à l'envie, qu'arrive-rait-il dans un monde où l'immolation du droit serait de principe et universelle?...

Dans l'économie sociale naturelle, l'inégalité des parts et des conditions tourne, en fin de compte, à l'utilité commune, parce qu'elle procède de la supériorité du concours individuel et que le capitalisme est l'instaurateur social de la production.

Cependant on ne veut reconnaître ici qu'un effet de la concurrence. « Le partage, dit-on, résulte de la lutte entre les forts et les faibles. Les vainqueurs sont riches, les vaincus sont pauvres. » C'est l'apparence : ce n'est point la réalité. Si les forts n'existaient pas, les faibles obtiendraient-ils plus? On ne voit pas pourquoi, ni comment. Le producteur capable et laborieux exploite-t-il l'incapacité et la paresse d'autrui? L'œuvre de Jacquard, de Stephenson, de Franklin, de Raphaël, frappe-t-elle d'impuissance le travail de la multitude? — Elle le féconde et le dirige, au contraire. Sa rémunération ne spolie donc personne, en s'élevant au niveau de son mérite. Si la concurrence l'exagère, elle n'a pas du moins l'aveugle injustice du privilége, et elle porte en soi son principe de redressement.

Le rôle de la richesse, en matière de consommation, a son office social, comme en matière de production, sans parler d'ailleurs des devoirs de charité.

Tout progrès de l'industrie est lié à ce raffinement de goût que développe l'opulence.

Que pourrait être la création artistique,
que deviendrait la culture littéraire et scientifique dans une société où rien ne resterait
pour le superflu?.. On gémit avec raison contre
les abus du luxe; mais le germe du mal gît
dans les mœurs plus que dans les conditions.
La débauche, l'ivrognerie, le dérèglement,
sous toutes formes, trouvent-ils moins prise
sur les pauvres que sur les riches? Et peut-
il y avoir de pires abus de luxe?..

Ne craignons pas enfin de constater que si
la fortune reste impuissante à donner cette
félicité qu'on croit, de loin, assurée à sa possession et ne saurait remplacer rien de ce qui
constitue le but relevé ou le charme intime de
la vie humaine, il lui appartient cependant de
communiquer une impulsion émulative à tous
les rouages du mécanisme économique, en
portant l'espoir de la récompense à la hauteur
des efforts. Ainsi envisagée, la richesse n'est
pas seulement un but légitime, proposé au
travail, elle fournit au digne accomplissement
des tâches sociales un témoignage et une
sanction que la plus pure morale ne doit
point dédaigner.

Nous ne savons pas comment iraient les

choses dans un monde égalitaire, en supposant qu'il pût exister. Dans le nôtre, l'inégalité est un fait naturel et invincible : il faut donc en prendre son parti. Facilitons le plus possible à tous l'accès de la richesse ; éliminons rigoureusement les mauvais procédés d'acquisition ; tempérons autant que faire se peut les rigueurs et les accidents du sort ; rattachons-nous enfin, sans réserve, à cette solidarité bienfaisante que l'économie sociale naturelle établit entre l'intérêt particulier et l'intérêt général. Aller au delà c'est tout embrouiller inutilement, c'est lâcher la proie pour courir après l'ombre.

SIXIÈME SÉANCE

L'antagonisme des intérêts

Quelle que soit l'influence exercée sur la destinée des hommes par toutes les inégalités d'ordre économique, naturelles et acquises, il n'en résulte point d'antagonisme direct entre les intérêts, tant que l'action de ces inégalités reste soumise au droit commun et renfermée dans le mécanisme naturel de l'économie sociale. C'est le règne de la force ou celui du privilége qui fait de l'inégalité des conditions un principe de discorde, en constituant une hiérarchie sociale factice et immuable et en substituant à l'échange libre des services un mode arbitraire et injuste de distribution de richesses. Dans l'ordre normal, au contraire, l'inégalité tend à accroître la solidarité et l'aide mutuelle entre les hommes, parce qu'elle fait bénéficier les faibles de la supériorité des forts.

Conclurons-nous de là que l'économie sociale ne contienne aucun germe d'opposition des intérêts ? — Tant s'en faut. L'esprit d'utopie est seul capable de contester l'existence d'un tel germe ou d'en espérer la disparition.

Tout acte d'échange, toute transaction économique présente un double aspect. Il exprime et réalise, en premier lieu, la réciprocité des services reçus et rendus, et tel est bien son but ou son caractère essentiel. Mais, il suscite aussi un débat entre les contractants. Chacun veut vendre chèrement et acheter au moindre prix que faire se peut. Il y a là une évidente opposition d'intérêts; et cette opposition se manifeste dans tous les rapports que la production et la distribution des richesses font incessamment naître sur le marché. Concluons-en que l'antagonisme, la lutte est une des conditions inévitables du développement de la vie économique. C'est ce que reconnaissait Proudhon lui-même quand il s'écriait : « Nous devons produire en rivaux, partager en ennemis et consommer en frères. »

Cependant les autres théoriciens du socialisme tiennent un langage tout différent. L'opposition des intérêts n'est, à leurs yeux, qu'un produit des institutions régnantes, et ils se flattent d'y couper court par une abolition plus ou moins absolue de la propriété individuelle. Le remède ne serait-il pas pire que le mal ?

D'ailleurs, supprimez le *tien* et le *mien*, il restera cent autres causes de conflit entre les hommes. Religion, politique, patriotisme, amour, caractères, plaisirs, tout est, pour eux, champ de bataille. Chaque individu nourrit dans son propre sein une légion d'adversaires toujours aux prises. La raison lutte contre le sentiment, le devoir contre la passion, l'esprit contre les préjugés, la santé contre la maladie, la vie contre la mort. Notre être semble construit sur la réunion des contraires.

Toute la nature, du reste, n'est-elle pas vouée à un implacable antagonisme ? Les animaux se mangent entre eux et ne sauraient vivre autrement. L'homme se trouve astreint, quant à ses moyens de subsistance, aux mêmes rigueurs. Il pourchasse et détruit ceux des animaux qu'il ne mange pas ou qu'il ne peut point employer à son service. Il lui faut conquérir de haute lutte toutes les puissances de l'univers physique et cette conquête forme le but pratique de la science.

« Du moins, objecte-t-on, l'homme ne devrait pas faire la guerre à l'homme. *Les loups ne se mangent pas entre eux.* »

Ce dernier aphorisme n'a jamais été bien justifié. De fait, l'homme a débuté, sur le globe, par l'antropophagie, et il a continué par l'extermination et par tous les genres de spoliation et d'exploitation mutuelles. Ces procédés ont même obtenu, dans l'histoire, la plus solennelle et la plus constante apologie.

Enfin, jusqu'à l'âge moderne, les institutions publiques ne parurent guère avoir d'autre objet en vue que l'organisation de la lutte interne et externe, c'est-à-dire le classement antagonique des intérêts et des droits, au dedans, et l'hostilité de peuple à peuple, au dehors.

Tout cela n'empêche point pourtant que la société n'ait pour premier fondement l'aide mutuelle, et qu'elle ne doive à ce principe la meilleure partie de ses progrès. L'observation raisonnée des faits le démontre, et il n'y aurait pas de science de l'économie sociale naturelle s'il en était autrement. Mais cette science constate aussi la présence et le rôle éternels du principe d'antagonisme dans le monde des intérêts. Elle déclare même que, loin de tenter l'entreprise impossible de sa suppression, il faut lui accorder tout l'essor compatible avec les éléments constitutifs de la sociabilité humaine.

Il y a ici deux lois naturelles qui semblent contradictoires et qu'il faut pourtant concilier. L'antagonisme des intérêts n'est que la manifestation, dans l'ordre économique, de cet immense et inévitable conflit institué par la nature au sein de l'univers. Il représente, à ce point de vue, la sauvegarde individuelle, ou ce *combat pour la vie,* comme disent les naturalistes, auquel chaque créature est fatalement condamnée. Mais ce n'est pas seulement son existence matérielle que l'homme doit ainsi conquérir par la lutte; ou, pour mieux dire, la conquête de l'existence matérielle implique, quant à l'être humain, des conditions plus relevées. Il s'agit encore et surtout, pour lui, du développement de sa personnalité morale. Or, quels sont les attributs essentiels de cette personnalité ? — Ce sont la raison et la conscience, d'où procèdent, dans la ligne des revendications individuelles, la liberté et la responsabilité, le droit et le devoir. Voilà sur quel terrain il appartient à l'homme de combattre, et ce qui donne au principe d'antagonisme, dans le monde social, une portée et des conséquences bien différentes de celles qu'il a pour les créatures irrationnelles.

Nous le savons en effet : ce n'est que dans et par la société qu'il devient possible à l'individu humain de pourvoir suffisamment à ses besoins physiques comme à l'épanouissement de sa personnalité. Les deux objets se subordonnent même l'un à l'autre, en ce sens que la mesure de satisfaction offerte aux intérêts matériels, va de pair avec le degré d'émancipation intellectuelle et morale obtenu. Au fond, la société ne saurait avoir d'autre but rationnel et avouable que le plus grand bien possible des individus qui la forment. Il en ressort que l'ordre social prospérera d'autant mieux que la liberté et le droit individuel y trouveront plus de garanties, et, réciproquement, que la liberté et le droit individuels acquierront d'autant plus de force et d'ampleur que l'ordre social sera plus solide et plus respecté. Ainsi se concilient, dans le monde humain, l'antagonisme et la solidarité ou, en d'autres termes, l'individualisme et le secours mutuel.

Nous pouvons comprendre maintenant comment il se fait que la marche du progrès historique se caractérise essentiellement par ce qui semblerait être le triomphe du principe d'antagonisme, à savoir, l'émancipation et l'exhaussement de l'individu, tout en élargissant sans cesse le domaine de la vie sociale.

A l'origine de son apparition sur le globe, l'homme, ignorant, misérable, asservi à l'instinct, n'était point capable d'entendre et de pratiquer l'antagonisme, même à l'égard de ses semblables, autrement que les animaux. La formation des sociétés, qui révélait, chez lui, d'autres mobiles et lui ouvrait des destinées à part, ne pouvait cependant transformer tout d'un coup ni son existence économique ni ses dispositions morales. Elle le laissa donc convaincu que c'était par la lutte contre ses semblables aussi bien que contre tout le reste de l'univers qu'il avait à défendre son existence et à la développer. Et cette conviction, devant cause à son tour, imprima aux institutions et aux lois un cachet de violence et d'iniquité qui ne pouvait que renforcer et prolonger le règne de l'antagonisme aveugle et irrationnel.

C'était pourtant l'ordre social que ces institutions avaient pour mission de fonder, tout au moins en conformité des idées et des faits régnants, et afin de procurer le dégré de paix publique indispensable au fonctionnement de la vie économique, politique, religieuse, civile, etc., telle qu'il était donné alors de la concevoir. « Ne pouvant faire, dit Pascal, qu'il soit force d'obéir à la justice, on a fait qu'il soit juste d'obéir à la force ; ne pouvant fortifier la justice, on a justifié la force, afin que le juste et le fort fussent ensemble, et que la paix fût, qui est le souverain bien. »

Mais un ordre reposant avant tout sur la force et aboutissant tour à tour à tous les modes d'asservissement des autres au profit des autres, était contradictoire aux véritables fins de la société et à la nature de l'homme. Il devait donc se transformer graduellement à mesure que la personnalité humaine prenait mieux conscience d'elle-même et de ses destinées. Le progrès tendait, de la sorte, invinciblement, dans sa marche générale, à affranchir l'individu des servitudes primitives, à détruire les inégalités factices, à constituer l'état social sur la liberté et le droit.

Ainsi comprise, l'histoire de la civilisation est, en un sens, celle de l'antagonisme : lumières, richesses, justice, égalité légale, garanties publiques, dignité et sécurité privées, tout a dû être conquis pied à pied, à force de luttes. Et gardons-nous de croire que l'avenir échappera mieux que le passé aux rigueurs de cette loi. Plus, au contraire, le redressement des institutions, en conformité du droit naturel, l'accroissement des ressources communes et l'appui des solidarités sociales élargiront la sphère d'action de chaque être humain et mettront mieux en valeur ses victualités propres, plus le partage des conditions, le lot de bien et de mal sera déterminé par l'énergie militante des efforts individuels. Seulement, l'antagonisme rationnel, c'est-à-dire l'antagonisme concordant avec la sociabilité humaine, se distingue de l'antagonisme inférieur par un trait saillant et décisif. Celui-ci se résoud dans la destruction mutuelle. Tuer pour vivre; voilà tout ce qu'il sait et peut faire. Et tant qu'il gouverne le monde économique, c'est la spoliation directe ou indirecte des uns par les autres qui lui sert de doctrine. Mais, dans l'économie sociale naturelle, il n'en va plus ainsi. La lutte ne détruit pas, elle produit. Le triomphe n'est pas au spoliateur, il est au bienfaiteur, car chacun travaille pour tous et vit du travail de tous. Comment opère donc l'antagonisme des intérêts? — Il donne plus d'ardeur et plus d'intensité au travail, tout en le subordonnant à l'œuvre commune. Il défend le mérite, le droit et la liberté personnels, tout en soumettant leur récompense au jugement social. Un seul principe suffit pour l'obtention de ce double but : la CONCURRENCE.

II

On confond assez souvent l'idée de concurrence avec l'idée pure et simple de lutte, et l'on dit que l'antagonisme des intérêts résulte de la concurrence. Rien de plus inexact. L'antagonisme des intérêts ne vient pas plus de la concurrence que l'inégalité des conditions ne sort de la propriété. N'y eut-il au monde que deux hommes pratiquant

l'échange, la négociation de cet échange
susciterait entre eux un débat contenant en
germe tous les développements que l'opposition d'intérêts est susceptible de prendre.
Si, pour un genre quelconque de transactions,
on veut couper court à la concurrence, en
établissant le monopole, au lieu de concilier
les intérêts, on ne parvient qu'à mettre les
uns à la merci des autres. Supposez qu'il
n'y eût qu'un seul boulanger dans la ville,
les consommateurs ne seraient-ils pas ex-
posés à payer le pain plus cher encore que
s'il y en a plusieurs?

Il existe donc entre les intérêts un certain degré d'opposition naturelle qu'aucune
réglementation de l'échange ne saurait faire
disparaître. La concurrence dérive de cette
opposition naturelle; seulement elle en tire
parti pour le plus grand bien commun, et
cela sans autre mode d'action que la liberté.

Concurrence signifie rivalité entre plusieurs
pour atteindre le même but. Elle se manifeste,
dans le domaine économique, entre les *offrants*
d'un genre quelconque de service, de travail,
de richesse et entre les *demandants*. Ce qui
veut dire que chacun des premiers s'efforce

d'obtenir sur ses rivaux la préférence des seconds, et que chacun des seconds se dispute de même la préférence des premiers. Le procédé nécessaire pour déterminer cette préférence consiste, du côté des offrants, à se surpasser entre eux, soit par la qualité du service soit par l'abaissement de son prix; du côté des demandants, au contraire, par la surenchère du prix. D'où il arrive que le triomphe des offrants est subordonné à l'intérêt des demandants, et *vice-versâ*. C'est donc la concurrence qui fixe définitivement la valeur des choses échangeables, non d'après le désir particulier de ceux-ci ou de ceux-là, mais d'après le degré de satisfaction qu'ils se procurent mutuellement. Ajoutons que son efficacité est proportionnelle à l'extension que prend, en chaque circonstance, la rivalité, autrement dit au nombre des concurrents, et que pourtant cette extension ne fait que diriger les efforts adverses de l'offre et de la demande vers l'établissement d'une moyenne régulière et normale des prix.

On voit que la concurrence ne correspond nullement à l'idée ordinaire de lutte. Celle-ci exprime le choc de deux forces cherchant

réciproquement à se détruire et n'ayant pas
d'autre fin, chacune, que son propre triomphe.
Dans la concurrence, les rivaux ont bien leur
intérêt personnel pour but, mais ce n'est pas
en détruisant qu'ils y tendent, c'est en créant,
et la victoire reste au mieux faisant. De plus,
il y a un troisième personnage au profit
duquel, non moins qu'à celui des rivaux, la
lutte est engagée, qui est le juge du camp et
décerne la récompense au vainqueur. Enfin
la concurrence, envisagée comme rouage
commun de l'économie sociale, n'est pas une
lutte isolée, partielle, donnant le rôle exclusif
d'adversaire à ceux qui la soutiennent; sa
présence constante dans tout genre de transactions fait que les adversaires sur un point
se trouvent alliés sur un autre et même sur
tous les autres, et que, par conséquent, le
vaincu tire profit sous maints rapports de la
victoire générale.

Et c'est bien une victoire générale qui est
le dernier mot de la concurrence, puisque
en contraignant les producteurs de tout
genre à rivaliser entre eux pour l'amélioration
ou pour le bon marché des produits, elle
agit en faveur de la consommation, c'est-à-

dire d'une satisfaction de plus en plus large des besoins de tout le monde, et que cette satisfaction réagit à son tour sur la production pour la stimuler et la développer.

Voilà comment il se fait que, grâce à la concurrence, l'opposition innée des intérêts aboutit au plus grand bien commun, et voilà pourquoi la richesse sociale s'accroît, en somme, à mesure que le régime de la libre concurrence s'installe plus pleinement, malgré les revers qu'il est susceptible d'entraîner.

Il y a des revers, en effet, inhérents au jeu de la concurrence, puisqu'il y a des vaincus.

Si le système de compensation que nous venons de décrire parvenait à neutraliser entièrement les suites de la lutte, par rapport aux situtions individuelles, la concurrence serait frappée de stérilité, car il n'y aurait plus de récompense pour le vainqueur, partant plus de justice dans la rénumération des services rendus. Mais s'en suit-il que le sort des vaincus de la concurrence soit pire qu'il ne serait sans elle?

C'est ce qu'affirment ses adversaires. Toujours dominés par l'idée que la richesse des uns et la pauvreté des autres viennent de la lutte des intérêts, et que cette lutte elle-même sort de la concurrence, ils croient pouvoir conclure logiquement que la concurrence profite au capitalisme et nuit au travail, et ils en allèguent pour preuve la misère croissante, assurent-ils, du salariat.

Donnons la parole aux faits. La concurrence rendant plus rigide les conditions de la production, exerce une pression, dans le sens de l'économie de dépenses, sur tous les éléments qui y concourent. Elle tend au nivellement des profits et à celui des salaires pour les industries et pour les entreprises entre elles. Mais d'une façon directe et générale, loin de déprimer les salaires, elle ne peut que les exhausser. Quand bien même les statistiques ne fourniraient pas des renseignements péremptoires à cet égard, est-ce que le bon sens ne suffirait point pour le démontrer ?

Si la concurrence stimule toutes les énergies productives et accroît leur puissance; si, d'autre part, elle met la rémunération du travail comme celle de toute valeur au concours, comment serait-il possible que le travail ne bénéficiât de l'accroissement de sa propre *demande*, et que tous les développements

que prend la production ne fussent point
favorables au salarié, sous le double rapport
de l'exhaussement du salaire et de l'abondance
des moyens de consommation? Est-ce que
toute victoire du capitalisme, sous les auspices de la concurrence, n'implique pas celle du
travail dont il est une émanation et sans le
secours duquel il ne peut rien?

Si vous comparez le lot échu au premier
avec celui du second, vous vous affligez de
leur énorme disproportion et vous dites en
soupirant: « Pourquoi l'un gagne-t-il tant et
l'autre si peu?... » Vous voilà dès lors tout
prêt de conclure de l'opulence de celui-là
à la misère de celui-ci. Mais regardez plus
attentivement et cherchez quel serait l'état
des choses avec tout autre régime que celui
où agit la concurrence. Le passé est là pour
vous le dire. Corporations, servage, priviléges,
prohibitions, protection, faveurs légales, tout
s'y combinait contre l'action de la concurrence; le contraste des positions était-il moindre pour cela?

Répudiez-vous le témoignage du passé en
faveur d'un ordre nouveau dont vous avez en
vue l'avénement et qui vous sert de point de

comparaison, bien qu'il n'existe pas encore ?
— Soit, raisonnons sur cette situation idéale.

Il s'agit, dites-vous, d'éliminer la concurrence au profit de la solidarité. Aurez-vous, du même coup, détruit l'inégalité des forces et des œuvres et arraché du cœur de l'homme le sentiment de son individualité et de son droit ? — C'est impossible. Vous n'arriverez qu'à remplacer les libres arrêts de la concurrence par une répartition autoritaire. Sur quelles bases ? — L'égalité des lots ? — Vous voilà en contradiction invincible avec les faits naturels et avec la justice. — L'inégalité limitée systématiquement ? — Vous vous noyez dans l'arbitraire. — Supprimerez-vous la part du capital pour accroître celle du travail ? C'est alors qu'apparaîtra enfin à vos yeux la connexité d'existence et d'intérêts de l'un avec l'autre. Tout ce que vous ferez contre celui-là retombera lourdement sur celui-ci. Le capital rançonné, c'est l'esprit d'entreprise étouffé, la production tarie, le crédit éteint, l'épargne découragée, c'est donc le travail lui-même radicalement appauvri et arrêté sur la route de l'émancipation. De tels résultats vous semblent-ils suffisamment compensés par le redressement de quelques torts ou de quelques abus de bonne fortune?

Mais on impute encore à la concurrence deux graves défauts : 1° l'écrasement des faibles par les forts; 2° la décadence industrielle comme conséquence du bon marché excessif.

Que la concurrence donne, généralement parlant, gain de cause aux producteurs plus puissants, soit en suite de l'étendue des ressources, soit en raison de l'habileté, cela n'est pas douteux. Seulement, est-ce bien dans la concurrence que gît la cause première de cette puisance? Etant donnée l'inégalité naturelle ou acquise de force, de ressources, de position, de capacité, pouvez-vous en conjurer les effets? Le propre de toute supériorité est de s'imposer; comment, le pouvant, ne le voudrait ou ne le ferait-elle pas?

La concurrence accroît considérablement, dites-vous, les avantages inhérents à la supériorité. Elle les met en relief, sans doute, mais elle les tempère aussi. L'élargissement et la liberté du concours suscitent plus de chances de contre-poids et d'équilibre. « Tel brille au second rang qui s'éclipse au premier. » Si le fort règne seul, quelle barrière trouver à son omnipotence? Avec la concurrence, son ascendant ne reposant que sur ses services, se trouve sans cesse limité par eux. C'est la différence d'un gouvernement irresponsable et autocratique avec un gouvernement qui relève de l'élection et demeure constamment soumis au contrôle de ses mandataires.

On a beau dire d'ailleurs que la concurrence amène l'écrasement des faibles, les faits ne justifient guère cette assertion. On ne voit pas que les grandes entreprises ôtent tout moyen de vivre aux petites, tant que celles-ci ont leur raison d'être, au point de vue de l'utilité sociale. Est-ce que la grande propriété agricole a tué la petite, depuis que le soleil du droit commun luit pour toutes deux? Est-ce que les fabriques font disparaître les métiers? Est-ce que la manufacture de soiries lyonnaise enlève le moyen de vivre et de prospérer à celles de Saint-Etienne, de Zurich, de Bàle, d'Eberfeld, etc.? Il en résulte seulement plus d'émulation entre toutes et un spécialisme de production qui ouvre, à chacune, sa carrière propre de succès.

De ce que la production en grande échelle est appelée à triompher partout où elle répond aux nécessités et aux bienfaits du progrès économique, on en conclut que c'est la concurrence qui joue son rôle d'écrasement. Regardez un peu du côté des consommateurs pour apprécier sainement la question. Ils représentent l'intérêt général, qui ne doit point être sacrifié à la routine ni à des intérêts particuliers, si respectables que ces intérêts soient en eux-mêmes.

C'est affaire à ceux-ci de se sauvegarder. L'association leur en fournit le moyen. La plupart des grandes entreprises empruntent aujourd'hui leur force d'action à ce principe qui égalise les conditions de la lutte entre tous.

L'effet propre et intime de la concurrence est de faire tourner à l'avantage social toute invention et tout perfectionnement industriels. La locomotive ne pouvait pas manquer de vaincre les anciens modes de transport; le tissage mécanique devait faire disparaître les vieux rouets, etc. Mais qui recueille le fruit de ces révolutions industrielles? Sont-ce les producteurs dont elles accroissent si fort la puissance? Avec le monopole ou le privilège ils y réussiraient. La libre concurrence

les force à lâcher prise au profit du public
consommateur, et tout se résoud dans un
abaissement du prix des produits, rigoureusement égal aux avantages des procédés nouveaux. Quant au bénéfice direct des producteurs eux-mêmes, il ressort du développement de la production : les profits du capital
grandissent en raison de l'extension des
affaires, les salaires du travail gagnent en
élévation et en continuité.

Ainsi la concurrence fait tomber dans le
domaine de la communauté toutes les acquisitions de la science et du génie. Il n'est pas
jusqu'aux monopoles naturels, émanant des
faveurs du climat et du sol, qui ne deviennent,
grâce à elle, des sources de satisfaction commune à tous les pays et à tous les peuples.
Les fruits exotiques accourent de partout
solliciter l'échange de nos propres produits,
et nous en jouissons aux mêmes conditions
d'équivalence des services que les producteurs indigènes.

La concurrence est donc, comme le dit
Bastiat, le grand niveleur démocratique, dans
la sphère de l'économie sociale. Semblant
de prime abord une arme entre les mains

du fort contre le faible, elle aboutit, en fin de compte, à protéger le faible contre la domination du fort.

On ne saurait mieux exprimer ces importantes vérités que ne l'a fait l'auteur susnommé dans la page suivante :

« Je ne crains pas de le dire : la concurrence que nous pourrions bien nommer la liberté, malgré les répulsions qu'elle soulève, en dépit des réclamations dont on la poursuit, est la loi démocratique par essence. C'est la plus progressive, la plus égalitaire, la plus communautaire de toutes celles à qui la Providence a confié le progrès des sociétés humaines. C'est elle qui fait successivement tomber dans le domaine *commun* la jouissance des biens que la nature ne semblait avoir accordés gratuitement qu'à certaines contrées. C'est elle qui fait encore tomber dans le domaine *commun* toutes les conquêtes dont le génie de chaque siècle accroît le trésor des générations qui le suivent, ne laissant ainsi en présence que des travaux complémentaires s'échangeant entre eux, sans réussir, comme ils le voudraient, à se faire rétribuer pour le concours des agents naturels; et si ces travaux, comme il arrive toujours à l'origine, ont une valeur qui ne soit pas proportionnelle à leur intensité, c'est encore la concurrence qui, par son action inaperçue, mais incessante, ramène un équilibre sanctionné par la justice et plus exact que celui que tenterait vainement d'établir la sagacité faillible d'une magistrature humaine. Loin que la concurrence, comme on l'en accuse, agisse dans le sens de l'inégalité, on peut affirmer que toute inégalité *factice* est imputable à son absence, et si l'abîme est plus profond entre le grand lama et un paria qu'entre le président et un artisan des Etats-Unis, cela tient à ce que la concurrence (ou la liberté), comprimée en Asie, ne l'est pas en Amérique. Et c'est pourquoi, pendant que les socialistes voient dans la concurrence la cause de tout mal, c'est dans les atteintes qu'elle reçoit qu'il faut chercher la cause perturbatrice de tout bien. Encore que cette grande loi ait été méconnue des socialistes et de leurs adeptes, encore qu'elle soit souvent brutale dans ses procédés, il n'en est pas de plus féconde en harmonies sociales, de plus bienfaisante dans ses résultats généraux, il n'en est pas qui atteste d'une manière plus éclatante l'incommensurable supériorité des desseins de Dieu sur les vaines et impuissantes combinaisons des hommes. »

Arrivons à l'autre grief que suscite la concurrence : la décadence industrielle comme conséquence d'une poursuite excessive du bon marché.

Oui, la concurrence pousse avec une irrésistible force à l'abaissement général du prix des produits.—Il serait mal aisé, ce semble, de trouver une meilleure preuve de sa bienfaisance. — On lui en fait pourtant un crime. « —C'est, dit-on, par la détérioration des produits qu'elle y arrive. — Le producteur harcelé se réfugie dans les artifices de la fraude. Il sacrifie tout à l'apparence et, pourvu qu'il fasse beaucoup et vite, la victoire lui est acquise. »

Voici la part du vrai et du faux dans ces allégations. Comme toute liberté, la concurrence ouvre carrière aux abus; et, l'ignorance générale aidant, ces abus sont nombreux. Mais, mieux que toute autre liberté, la concurrence possède cette vertu qu'on attribuait à la lance d'Achille, de guérir les blessures qu'elle a faites. Le consommateur trompé

s'éloigne vite du producteur déloyal, et les
succès durables resteront toujours le prix
du vrai mérite, dans toute la mesure fournie
par l'intérêt et le bon sens publics.

Pour ce qui est des destinées de l'art de
produire, on ne saurait les placer sous des
auspices plus rassurants que ceux de la liberté. Cela n'a pas besoin de se démontrer.

Il y a encore un préjugé sous ce débat.
La concurrence ne se déploie pleinement
qu'au service du marché universel, c'est-
à-dire qu'elle fonctionne au profit des masses
plus qu'à celui des minorités. Le bon marché
doit donc être sa meilleure arme de combat.
Mais, si bien qu'on fasse, la qualité des produits ne peut pas suivre une progression
inverse à celle de l'abaissement des prix.
L'une demeure plus ou moins exclusive de
l'autre. Seulement cette production inférieure
réalise un premier et inappréciable degré
de satisfaction dont d'innombrables besoins
seraient privés sans les prodiges que fait
opérer l'aiguillon de la concurrence. Et ce
qu'on s'obstine à ne pas voir c'est que la
production inférieure ne restreint en aucune
façon la production de meilleur titre, relevée

jusqu'aux plus hauts sommets du confort et du luxe. De ce qu'on fabrique des masses de tissus de pacotille, en fabrique-t-on moins d'étoffes moelleuses et riches? — Vous estimez qu'on n'égale pourtant pas les belles choses d'autrefois. — C'est au goût de l'époque qu'il faut vous en prendre, et non à la concurrence.

Terminons cette trop longue discussion.

En toute condition et à tout sujet, qu'il s'agisse de rechercher le bien ou de fuir le mal, nous sommes créés pour lutter. C'est la vie, c'est l'irrévocable destin. C'est l'école du courage et de la vertu, la source vive des émotions, le plus pénétrant aiguillon de la volonté et de l'effort. Nous ne prenons possession de nous-mêmes, nous n'avons conscience de notre valeur intellectuelle et morale et de notre empire sur l'univers qu'à force de luttes. Dans l'ordre politique, toute conquête du droit, de la liberté et de l'égalité en procède. Comment, dans l'ordre économique, pourrions-nous échapper à cette suprême loi?

Il existe entre les intérêts, comme entre toutes les forces de l'être humain, un degré indestructible d'antagonisme. L'économie so-

ciale n'a pas pour objet de faire disparaître
cet antagonisme qui, au fond, représente la
légitime sauvegarde des intérêts individuels,
mais de le faire servir au bien général
en obligeant chaque homme à produire pour
les autres et à recevoir des autres, par
l'échange des services, la rémunération de
ses efforts. C'est la concurrence qui préside
à cet échange des services et qui fixe la
mesure des rémunérations. C'est donc elle
qui soumet la lutte des intérêts particuliers
à la discipline de l'intérêt commun et qui
fait de l'égoïsme un auxiliaire contraint de
la solidarité.

SEPTIÈME SÉANCE

Outillage de l'échange. Monnaie — Crédit

Si l'économie sociale naturelle a l'admirable pouvoir de tirer, pour ainsi dire, le bien du mal, en soumettant l'antagonisme inné des intérêts à l'action régulatrice de la concurrence, combien ne réussit-elle pas plus pleinement encore dans la création des organes propres et directs de la solidarité! Tout ce qui aide au fonctionnement de l'échange appartient à ce genre d'organes, en tête duquel il faut placer la monnaie et le crédit.

Il y a lieu de faire ici une observation générale. Les outils et procédés techniques de production sont spéciaux; ils diffèrent d'industrie à industrie, de lieu à lieu, d'époque à époque. Les outils de l'échange sont identiques et universels. Leur invention une fois opérée, tout le progrès consiste dans l'extension de leur emploi. Ils conviennent pareillement partout et toujours. C'est comme

un langage que l'humanité entière comprend
et pratique, sans autre différence que le
degré d'éducation économique auquel chaque
race ou chaque peuple est parvenu.

C'est pourquoi on a pu dire que l'histoire
de la monnaie résume celle de la civilisation,
tout au moins dans ses phases essentielles.
L'histoire du crédit fournit une consécration
de plus à cette vérité.

Le troc a été nécessairement partout le
premier bégaiement de l'échange; mais, partout aussi, sous la pression de l'expérience, au
troc succéda plus ou moins tôt le commerce,
c'est-à-dire l'échange opéré au moyen d'une
marchandise douée d'un caractère d'utilité
assez général et assez constant pour servir
de contre-valeur à toutes les autres et par
conséquent d'intermédiaire entre elles. Il n'eût
pas été possible sans cela que la division
du travail concordât, pour chaque homme,
avec les besoins multiples de sa consommation.

Ce furent aussi les leçons de l'expérience
qui amenèrent l'identité de cette marchandise-
type chez tous les peuples une fois élevés
au-dessus du niveau de la barbarie. La mon-

naie, telle que nous l'employons, semblerait avoir dû être le dernier terme de cette évolution. Mais le crédit est venu lui ouvrir une nouvelle carrière dont on ne saurait mesurer encore l'étendue.

La monnaie fut, pour ainsi parler, la créatrice de l'échange, parce que c'est à elle qu'il dût d'acquérir les caractères de précision, de sécurité et de souplesse que réclamait sa mission dans l'économie sociale. La fixité relative et la certitude constante de valeur que l'agent monétaire emprunte aux métaux précieux et rares dont il est fait, la possibilité de division exacte de sa substance et son inaltérabilité, la propriété intime que lui confèrent ces diverses qualités de condenser une grande richesse sous un petit volume et la commodité de transport qu'il donne ainsi à cette richesse, tels sont les mérites principaux que la monnaie mit au service de la sociabilité économique. L'échange des services et des produits entre eux se dédoubla en deux opérations séparées et indépendantes, la *vente* et l'*achat*. Il suffit dès lors d'avoir vendu ou cédé quelque chose en un lieu et en un temps quelconque, pour acquérir avec la monnaie, donnée par l'acheteur, une faculté d'achat équivalant à la chose vendue, en quelque lieu et en quelque temps que ce fût.

C'était donc bien l'échange universel que la monnaie inaugurait dans le monde.

Cependant, arriva le jour où le développement de l'économie sociale naturelle réclamait un outil d'échange plus puissant encore que la monnaie. Avec celle-ci, la conquête de l'espace et du temps reste incomplète : on ne peut échanger que des produits et des services existants. Le paiement immédiat suppose que l'acheteur a déjà *fait argent*, en livrant lui-même antérieurement un produit ou un service. Que serait-ce si la richesse présente pouvait être échangée contre une richesse qui n'existe pas encore et provoquer ainsi sa création? Quel surcroît d'amplitude fourni à la pratique du secours mutuel! Quelle extension d'essor imprimée à la production!

L'accomplissement de ce merveilleux progrès était réservé au crédit; et rien de plus simple pourtant, en principe, que les procédés dont il use pour cela. Tout l'édifice des opérations fiduciaires repose sur deux genres

d'actes qui s'expliquent par leur seule déno-
mination : la *vente à terme* et le *prêt.*

Concéder une valeur présente moyennant
la simple promesse de son paiement futur,
voilà la vente à terme. Mais il fallait prêter
à cette promesse un degré d'existence tel que
le vendeur se sentît suffisamment garanti, et
qu'il pût lui-même obtenir la réciprocité du
service qu'il rendait. C'est l'office assigné au
papier de crédit qui donne naissance à un
mode nouveau de circulation, incomparable
ment plus vaste que l'ancien et où la monnaie
ne joue plus qu'un rôle complémentaire et
restreint.

C'est en effet la promesse de paiement elle-
même qui, ayant pris corps, sous le nom de
billet à ordre, billet au porteur, etc., circule
de main en main, compensant une succession
de créances et réalisant la mutualité du
crédit entre toutes les catégories de producteurs. Un autre instrument de cette circulation,
la *lettre de change,* élargit et accélère le jeu
du mécanisme, jusqu'au point de donner à la
compensation des créances internationales,
sur tous les coins du globe, autant de facilité

et de garanties mutuelles que si les contractants vivaient porte à porte.

Ainsi, à l'outillage métallique des échanges est venu s'ajouter un outillage d'essence toute spéculative, pour ainsi dire ; moins solide par cela même, il est vrai, que le premier, mais d'une portée bien supérieure, puisqu'il unit dans son essor l'avenir au présent et se rit des distances ; et d'une souplesse incomparable qui lui permet de se plier à toutes les situations, de se dilater et de se restreindre au gré des besoins, sans autres dangers que ceux auxquels l'ignorance et la mauvaise foi soumettent toute entreprise ici-bas.

L'autre type des actes de crédit, le prêt, offre un caractère plus décidé encore de hardiesse dans l'organisation de l'aide mutuelle. C'est le capital allant au-devant du travail, se livrant à lui, en quelque sorte, pour lui communiquer sa fécondité et profiter de la sienne. Car il ne s'agit point ici de dévouement : l'économie sociale ne vit que par la réciprocité des services. On ne prête que ce qu'on ne saurait utiliser directement soi-même et ce qui, par conséquent, demeurerait stérile entre les mains du propriétaire. Le prêt doit donc bénéficier au prêteur comme à l'emprunteur. — Le partage des fruits de l'entreprise entre eux n'est que le règlement d'un compte d'association.

Mais, si l'on considère les choses du point de vue de l'utilité sociale et si l'on songe à l'extension que peut prendre le mode d'association inclus dans le prêt des capitaux, autant qu'à la variété infinie de ses emplois, on comprend que les avantages dont il est la source pour l'intérêt particulier sont encore dépassés par ceux qu'il procure à l'intérêt commun. C'est en effet l'utilisation, la mise en valeur constante de tous les capitaux et de toutes les puissances de travail existant dans la société et, ce qui n'est pas moins digne d'attention, c'est la multiplication, sous mille formes, des solidarités économiques, sans aucun affaiblissement du droit ni de la liberté d'action de l'individu.

Cependant, il serait bien difficile que les immenses bienfaits du crédit ne fussent contre-balancés par des inconvénients. La monnaie elle-même avait suscité des préjugés et des abus sans nombre. On la confondit avec la richesse dont elle n'est que l'instrument d'échange, et on fit de son accumulation le point de mire de la prospérité sociale. Et non-seulement les gouvernements subordonnèrent tous les intérêts de la production réelle, au dedans et au dehors, à la poursuite de ce mirage, mais encore ils dépouillèrent, autant qu'il était en eux, la monnaie de ses caractères innés d'universalité et de fixité de valeur. Chaque Etat eut son système monétaire exclusif, presque inconciliable avec celui des autres et que, de plus, le Souverain altérait, de propos délibéré, par un calcul d'étroite et déloyale fiscalité. Le dernier terme de ces tristes errements gouvernementaux a été atteint lorsqu'on en vint à remplacer l'agent métallique par un signe dépourvu absolument de valeur qu'il fut enjoint, au nom de la loi, de recevoir comme bon argent.

Nous avons nommé le *papier-monnaie*.

La science de l'économie sociale a fait justice de toutes ces aberrations, théoriquement du moins, en attendant qu'on daigne tenir compte pratiquement de ses leçons.

Il ne pouvait pas manquer au crédit d'avoir à subir des mésaventures analogues. Comme l'a dit un de ses historiens, on y commença par l'abus avant d'en venir à l'usage. Les illusions surgirent en foule au début de sa route; la témérité, l'imprévoyance, la fièvre de spéculation y amoncelèrent les ruines, et l'esprit de privilége sut exploiter les mécomptes pour asseoir sa prédominance aux dépens de la liberté.

Il n'y a donc pas lieu de s'étonner des accusations, d'une part, et des folles espérances, d'autre part, dont le crédit a été et est encore l'objet.

En fait d'accusations, ceux-ci lui ont imputé de lancer le monde des affaires dans le domaine des aventures et suspendre, pour ainsi dire, la vie économique des peuples à des fictions dangereuses; ceux-là de ne servir qu'à renforcer les moyens d'exploitation du pauvre par le riche.

En fait de vaines espérances, des théoriciens enthousiastes ont vu dans le crédit une sorte de panacée sociale, capable de réaliser l'égalité des conditions ou l'enrichissement universel. On n'eut que l'embarras du choix parmi les plans imaginés pour atteindre cet heureux but. Tous ces plans reposaient sur une même erreur, à savoir, que le crédit peut faire sortir du néant des capitaux, par sa seule vertu, et qu'on accroît la richesse en multipliant les signes qui la représentent.

Il ne nous importe, en ce moment, que de répondre aux détracteurs du crédit.

La généralisation de son emploi place, sans nul doute, le monde des affaires sur un terrain moins stable que si l'on s'en tenait à l'échange au comptant et à l'exploitation, par chaque producteur, de ses seules et propres ressources; mais le développement naturel de l'économie sociale et même son mécanisme intime concordent-ils en ce point avec les apparentes inspirations de la prudence? Ne serait-ce pas ôter au secours mutuel et à la solidarité une bonne partie de leur puissance pour le progrès économique? Quel affaiblissement énorme de production et d'échange n'entraînerait pas, dès aujourd'hui, la suppression générale du crédit!... Et pourtant, nous ne sommes encore qu'au début de son expansion.

Il y a plus. S'est-on bien demandé pourquoi les abus, les mécomptes, les désastres, faut-il dire, que le crédit traîne à sa suite, parviennent à peine à ralentir momentanément sa

marche? Il doit pourtant y avoir à ce phénomène une raison sérieuse, puisque ce ne
sont pas seulement les imprudents et les
aventuriers qui s'obstinent à affronter des
périls dont l'expérience a été mainte fois faite
et se renouvelle chaque jour, mais tout le
monde.

Cette raison, la voici. Examinez attentivement le mécanisme de la production et vous
verrez que tout y suppose l'existence du
crédit. L'agriculteur prête à la terre son travail, ses semences, etc., et ne sera remboursé
des avances de toutes sortes qu'il lui fait
qu'après la vente de la récolte. Le manufac-
turier procède de même par d'énormes dépenses qu'il ne recouvrera qu'après achèvement et écoulement des produits; le commerçant et l'industriel sont soumis aux mêmes
nécessités. Ainsi, dans quelque genre d'entreprise que ce soit, on pratique le crédit vis-à-vis
de la production elle-même. Mais, en réalité,
c'est à la société qu'est octroyé par chaque
producteur ce crédit, puisque c'est pour la
société qu'il travaille. N'est-ce point pour
préparer à la société ses moyens de subsistance que l'agriculteur cultive, que le manu-

facturier tisse, que le commerçant transporte
et entrepose, que l'industriel façonne, que le
banquier escompte, etc.? — Quoi donc de
plus logique, de plus nécessaire, pourrait-on
dire, que cette organisation de mutualité s'é-
tablissent entre tous les producteurs par la
vente à terme et le prêt? Ne doit-on pas y voir
le complément naturel de ce crédit que la
force des choses impose à toute entreprise
dans sa marche intime? Et ne comprend-on
par là que plus la production se développe,
plus le rôle du crédit entre producteurs devient indispensable?

Ce serait bien plutôt la tardive apparition
de ce mode de mutualité, dans la société
humaine, qui devrait être tenue pour anor-
male et qui aurait lieu de surprendre si l'on ne
se rendait compte des obstacles opposés de
prime abord à son avénement. Pour que la
pratique du crédit s'implante d'une manière
générale dans le mécanisme économique, il
doit régner un degré de confiance mutuelle et
de sécurité légale dont une civilisation avancée est seule pourvue. On ne saurait espérer
d'organisation un peu large du crédit tant que
la force prime le droit et que l'intérêt indivi-

duel ne possède pas, du fait des institutions aussi bien que des mœurs, les garanties de sécurité et de justice nécessaires à son pacifique développement. L'expansion du crédit constitue donc un témoignage irréfragable du progrès social, au point de vue de l'ordre moral comme à celui de l'ordre économique, qui sont d'ailleurs si harmoniques entre eux.

Et ceci répond déjà implicitement à l'allégation que les avantages du crédit ne descendent pas jusqu'au salariat.

Par cela même que le crédit élargit l'échange et la production, il profite à tout le monde au double titre de producteur et de consommateur. Commanditer les entreprises, n'est-ce pas susciter la demande du travail de tout degré, créer des sources de salaires comme de profits et accroître l'abondance des moyens de subsistance? Si le crédit approvisionne plus largement le marché des capitaux, ne fait-il pas baisser par cela-même leur prix et grandir corrélativement la rémunération du travail? N'étend-il pas, en même temps, son action vivifiante sur les épargnes du pauvre? Enfin, bien loin de s'en tenir à accroître les ressources de ceux qui sont déjà riches par eux-mêmes, on le voit à toute heure tendre la main à ceux qui entrent dans l'arène pour peu que leur valeur personnelle supplée à l'exiguité des garanties positives et que l'association du capital moral avec le capital matériel offre des chances de succès aux entreprises nouvelles.

C'est en vain qu'on dénierait au crédit cette générosité d'initiative pour l'émancipation du travail. Elle est dans sa nature, parce qu'il vit avant tout de confiance et qu'il a pour mission expresse de venir en aide à ceux qui en ont besoin, selon la mesure de leurs mérites.

Les faits déposent en foule de l'exactitude de ces principes. Comment expliquerait-on, sans l'assistance du crédit, cette ascension continue du salariat au patronat qui s'opère si visiblement de nos jours dans le monde industriel et nous montre la grande majorité des chefs d'entreprises se recrutant parmi des salariés de la veille? On parle avec véhémence et indignation de la distance qui sépare le capital du travail; on déclare que cette distance reste à jamais infranchissable pour le salarié. Eh bien! c'est précisément au crédit

qu'il est donné de résoudre ce problème.
L'épargne la plus modeste du salarié, dès
qu'il a eu le courage de la conquérir, devient
comme un germe que le crédit s'empresse de
féconder, et l'œuvre d'émancipation individuelle marche dès lors à grands pas.

Mais la puissance rédemptrice du crédit se
révèle d'une façon plus directe encore à
mesure qu'elle rencontre un terrain mieux
préparé, au sein de la démocratie sociale. On
prétendait autrefois que le crédit était l'apa-
nage exclusif des capitalistes, parce qu'ils
pouvaient seuls, disait-on, en profiter tant
comme prêteurs que comme emprunteurs.
Or il se trouve que les institutions d'épargne
et de secours mutuel possèdent une force de
création du capital presque prodigieuse. C'est
par millions que l'on suppute maintenant la
fortune de ces institutions dans tous les pays
civilisés !

Qui eût pu prévoir et croire possibles de
pareilles choses, il y a à peine un siècle ? Voilà
donc le levier, le point d'appui d'Archimède
trouvé, fabriqué. Que faut-il de plus pour
donner à cet appareil toute la puissance d'action qu'il recèle ? — Rien autre chose que

l'organisation du crédit populaire, c'est-à-dire rien autre chose que de mettre ce capital, sous forme de crédit, aux mains de ceux mêmes qui l'ont créé goutte à goutte, sous forme d'épargnes. Mais cette organisation existe déjà; elle fonctionne sous nos yeux en maint endroit et surtout en Allemagne, sous le nom de *Banques d'avances,* ajoutant aux ressources chaque jour plus considérables qu'y trouvent ses promoteurs la plus éloquente des prédications en faveur de l'harmonie sociale et de cette solidarité féconde qui vivifie les intérêts les uns par les autres sans porter atteinte à leur indépendance.

On a donc le droit de dire que l'accès direct du crédit au salariat est un problème résolu et qu'il ne tient désormais qu'à lui de s'en assurer les avantages par sa propre initiative. Ce n'est plus qu'une question de courage, de discipline et d'entente. Quelle impossibilité y a-t-il à ce que les banques populaires surgissent partout avec un égal succès et fassent même servir à leur développement commun ce grand principe de fédération qui anime aujourd'hui le salariat européen? Ce serait là du bon socialisme, unissant pour créer et non pour détruire, puisant sa force dans la moralité et la liberté, au lieu de fonder son espoir sur le despotisme du nombre et sur les représailles de l'injustice!

Nous disions tout à l'heure que la diffusion et l'organisation du crédit impliquent un degré de confiance réciproque entre les hommes et de garantie du fait des institutions publiques, qui n'appartiennent qu'à une civilisation avancée. Elles réclament encore la création d'un mécanisme tout spécial.

Ce mécanisme comprend des *instruments* et des *agents* ou *institutions*.

Par instruments de crédit, on entend tous les signes fiduciaires qui sont l'expression des actes de crédit, qui en stipulent les conditions et l'objet et qui servent de moyen de transmission des créances, soit comme promesse de paiement, soit comme papier de gage. La première de ces deux catégories a pour mission propre de suppléer la monnaie, en faisant circuler à sa place les signes de créance; la seconde, de mobiliser les capitaux prêtés, en ce sens que le papier qui les représente forme une sorte de marchandise dont l'achat et la vente entraînent les

mêmes effets que s'il y avait livraison matérielle des capitaux prêtés et engagés dans
la production.

Grâce à ces instruments, chaque opération
de vente à terme et de prêt devient le point
de départ d'une série de transactions pro-
pageant et multipliant les services rendus par
le crédit.

Il semblerait en résulter que l'organisation
du crédit trouve dans les *instruments* tout
ce dont elle a besoin. Cependant l'expérience
a prouvé que le fonctionnement des instruments réclame l'intervention d'agents ou
d'institutions créés expressément dans ce
but.

Une idée fondamentale résume tout le rôle
des agents et des institutions de crédit.
C'est l'idée de la banque. Toute banque est
un réservoir de numéraire où les prêteurs
viennent déposer et les emprunteurs puiser.
Le banquier sert d'intermédiaire, noue les
relations, les dirige et les combine.

Il se trouve investi de la sorte d'un rôle
prépondérant pour la diffusion et le bon emploi du crédit. Mais une telle puissance
comporte des abus. Le principal de ces abus

consiste à tourner vers la spéculation des jeux de Bourse, le courant des capitaux dont le placement est confié à la banque. Ce n'est pas que la spéculation soit, par essence, condamnable. Elle donne l'impulsion aux entreprises et favorise l'élan du crédit; mais elle cesse d'être un auxiliaire bienfaisant de la production quand elle ne représente plus que l'exploitation fiévreuse des mouvements de hausse et de baisse auxquels est soumis le marché financier. De là, une circulation stérile de capitaux qui n'enrichit les uns qu'en ruinant les autres.

C'est pour maintenir plus fermement le crédit dans sa véritable voie, en le soustrayant au gouvernement du capitalisme individuel, comme pour donner à son développement des bases plus solides et plus larges, qu'ont été créées les banques publiques.

Le type par excellence de ces belles institutions, est ce qu'on nomme la banque de circulation ou d'émission, qui a pour objet essentiel de transfigurer, pour ainsi dire, le papier de crédit commercial en lui substituant son propre papier, dit *billet à vue au*

porteur, ou *billet de banque,* et de pourvoir
à l'approvisionnement régulier du marché
monétaire.

Ces éminentes attributions de la banque
publique ont induit à croire qu'elle devait
relever de l'Etat, par cette raison surtout que
le billet de banque semble faire l'office de
monnaie. On ne manqua pas de conclure de
ce préjugé que la faculté d'émission échap-
pait au droit commun et ne pouvait exister
qu'à titre de monopole ou de privilége.
C'est encore le régime qui prévaut en France
et, avec plus ou moins de restrictions, dans
bien d'autres pays. Mais il en est aussi où
la liberté sut mieux se défendre de l'étreinte
gouvernementale; on y a vu les banques publiques prendre tout l'essor proportionné aux
immenses services qu'elles sont appelées
rationnellement à rendre.

L'avenir appartient donc aux banques libres.
Leur multiplication caractérisera, au premier chef, le progrès démocratique du crédit, c'est-à-dire son affranchissement des tu-
tèles arbitraires ou compromettantes, l'élargissement de son intervention dans tous les

domaines et à tous les degrés de la production et enfin sa tendance de plus en plus marquée à descendre vers le capital moral et vers le travail.

HUITIÈME SÉANCE

Le droit commun

La science de l'économie sociale prit naissance le jour où il fut compris que le monde des intérêts possède son organisation propre et autonome et qu'il y a concordance naturelle entre les forces qui l'animent.

Tant que cette conception n'avait pas surgi, on devait forcément chercher la discipline des intérêts hors d'eux-mêmes, dans les principes d'ordre politique et religieux. La production et la distribution des richesses semblaient n'offrir que des phénomènes disparates et contradictoires réclamant un gouvernement extérieur, indispensable à leur coordination et ne leur accordant pas d'autre rôle que celui d'instruments passifs.

Que pouvait être l'économie sociale ainsi comprise et gouvernée ? — Un ensemble de combinaisons artificielles où le préjugé et l'arbitraire décidaient souverainement de tout, où le droit de convention remplaçait et foulait aux pieds le droit naturel, où les intérêts violentés ne trouvaient de moyen de satisfaction que dans leur nuisance mutuelle et couraient d'eux-mêmes au devant du joug dans l'espoir d'obtenir le profit personnel au prix de l'asservissement général.

Si ce tableau est exact, il peut faire bien comprendre quelle mission incombait à la science naissante et quel genre de services elle était appelée à rendre. Préparer la transformation des faits en redressant les idées, résumait cette mission; et pour la remplir, il n'y avait pas autre chose à faire que de dévoiler et de décrire l'ordre naturel, car c'était introduire la lumière au sein des ténèbres. « On peut, dit J.-B. Say, se représenter un peuple ignorant des vérités prouvées par l'économie politique, sous l'image d'une population obligée de vivre dans un vaste souterrain où se trouvent également enfermées toutes les choses nécessaires au maintien de la vie. L'obscurité seule empêche de les trouver. Chacun, excité par le besoin, cherche ce qui lui est nécessaire, passe à côté de l'objet qu'il souhaite le plus, ou bien le foule aux pieds sans l'apercevoir. On se cherche, on s'appelle, sans pouvoir se rencontrer. On ne réussit pas à s'entendre sur les choses que chacun veut avoir; on se déchire même entre soi. Tout est confusion, violence, dégâts. Tout-à-coup un rayon lumineux pénètre dans l'enceinte!... On rougit alors du mal qu'on s'est fait, on s'aperçoit que chacun peut obtenir ce qu'il désire; on reconnaît que les biens se multiplient d'autant plus qu'on se prête de mutuels secours. Mille motifs pour s'aimer, mille moyens de jouir honorablement, s'offrent de toutes parts... Un seul rayon de lumière a tout fait... »

Ainsi la réalisation du bien, de l'ordre, de l'harmonie dans le monde économique n'est qu'une question de dispositions intellectuelles et morales ou, en d'autres termes, d'éducation scientifique.

Mais que doit-il advenir dès lors de cette protection extérieure des intérêts que s'attribuaient les pouvoirs publics et qu'ils exerçaient avec si peu de mesure et de justice ? Faudra-t-il la rejeter d'une façon absolue, lui dénier toute raison d'être et toute valeur ?

— Cela n'est pas possible. L'autonomie de

l'économie sociale ne saurait aller jusque-là. Quand les physiocrates formulèrent le fameux axiome « *laissez faire, laissez passer,* » on put s'imaginer de prime abord qu'ils ne demandaient rien moins que l'annihilement de toute intervention légale et de tout rôle pour l'Etat dans le domaine économique. Ils ne réclamaient en réalité que l'abandon de ce réglementarisme illibéral, issu des fausses idées d'antagonisme des intérêts entre eux, qui faussait et entravait à la fois l'essor de la production et de l'échange.

Mais, cet affranchissement opéré, il reste aux institutions publiques, représentées par la loi et l'Etat, une action nécessaire et même une tutèle bienfaisante à exercer sur l'économie sociale. Prenons des exemples. — La propriété ne doit pas être une création factice de la loi ou du bon plaisir gouvernemental : elle a pour bases véritables le droit personnel issu du travail et l'utilité commune. Cependant elle n'en réclame pas moins sa consécration juridique, aussi pleine que nettement établie; et tout le déroulement de droits, d'obligations et de contrats qu'elle comporte, tant dans la vie civile que dans le mouvement économique et même dans l'ordre politique, appelle des stipulations précises et des sanctions que la loi et l'Etat peuvent seules formuler et garantir. Il faut en dire autant de tous les éléments constitutifs de l'économie sociale et de tous les rapports qu'ils suscitent soit d'homme à homme, soit d'individu à collectivité, soit de tous à tous. En un mot, ce réseau légal dont l'objet est de déterminer ce qui, en toute situation, est licite et ce qui ne l'est pas et qui constitue l'organisation juridique de la société, s'étend à l'ordre économique comme à tout autre. Nous montrerons plus tard qu'il faut raisonner de même par rapport aux fonctions incombant à l'Etat, considéré comme le représentant de l'ordre, de la sécurité, de la paix, de l'intérêt général et de tout ce qui se rattache à l'accomplissement de ce vaste rôle.

Mais il importe de ne pas s'y tromper. La tutèle confiée aux Pouvoirs publics sur l'économie sociale n'est rien moins qu'une abdication. L'autonomie de cette dernière doit être avant tout sauvegardée. Or, pour cela, il n'y a qu'un moyen : mettre l'ordre légal en accord avec la science. Ce qui revient à dire que c'est aux lois naturelles de l'économie sociale que les promoteurs de la loi écrite et l'Etat doivent emprunter leurs inspirations et leurs directions.

Il existe du reste un principe supérieur qu'on peut considérer comme le point de rencontre et d'accord entre le progrès juridique et le progrès social et qui, par conséquent, doit servir de fondement à toute l'œuvre législative. Ce principe, c'est le droit commun dans la liberté.

On ne se rend peut-être pas bien compte sur-le-champ de tout ce que contient cette simple formule : le droit commun dans la liberté et de sa portée souveraine. Il faut l'analyser avec soin.

Droit commun signifie unité, identité de la loi et égalité de tous les citoyens devant elle. Il exclut donc toute espèce de priviléges, tout régime de faveur, toute juridiction d'exception, toute protection personnelle ou corporative, toute immunité des charges et des devoirs généraux, toute interdiction de faire prescrite aux uns à l'avantage des autres. C'est donc bien l'égalité portée au plus haut degré de réalisation qu'elle puisse atteindre dans le

milieu social et, par le fait même, c'est l'inégalité restreinte aux limites que lui assigne
la nature des choses, et en dedans desquelles
les inconvénients qu'on peut encore lui attri-
buer ne sauraient être mis en balance avec
ses avantages pour l'intérêt commun. Remar-
quons d'ailleurs que l'inégalité ainsi comprise
n'est pas seulement un attribut sacré du droit
individuel : elle fait corps dès lors avec le droit
commun lui-même, puisque, pour y porter
atteinte, la loi devrait se départir de son impartialité au détriment de ceux-ci et au profit
apparent de ceux-là.

Nous n'avons pas tout dit. On peut concevoir l'existence du droit commun de diverses
manières. Un gouvernement despotique préten-
dra donner satisfaction à ce principe en soumettant tout le monde à l'uniformité d'asservissement. Et, à cet égard, l'exagération de
radicalisme démocratique aura le même effet
que l'autocratie monarchique ou que l'absolu-
tisme théologique. N'est-ce pas l'idéal du genre
qu'on veut introniser de nos jours sous le
nom de communisme ?.. A un degré moins
violent, l'esprit de réglementation invoque
aussi l'autorité du droit commun pour jus-

tifier ses vaines ou dommageables exigences. De ce qu'il comprimera également toute initiative et toute liberté, il croira n'avoir pas outre-passé les bornes de la tutèle légale. Ainsi procède ce système de centralisation ou de gouvernementalisme à outrance sous l'étreinte duquel se débat la majorité des sociétés modernes. Si vous constatez l'étouffement de vie locale qu'entraine ce funeste régime, « de quoi vous plaignez-vous? — répondront ses partisans — On ne commet point de passe droits : la loi est la même pour tous. »

Mais le droit commun que l'économie sociale préconise et dont elle ne saurait se passer, ne ressemble en rien à tout cela. C'est le droit commun dans la liberté.

Encore faut-il bien s'entendre sur ce dernier mot de liberté. Si vous vous contentez de la définir le droit de faire tout ce qui n'est pas défendu par les lois, nous ne serons guère plus avancés que tout à l'heure. Que la liberté pratique soit adéquate à la loi, nous le voulons bien, mais c'est à condition que la loi donne à la liberté ce qui lui appartient, c'est-à-dire tout ce que comporte le plein essor de la vie économique, tant au point de

vue individuel qu'au point de vue collectif;
conséquemment, la libre expansion du travail
et de l'échange, le libre jeu des inégalités
natives ou acquises et jusqu'à la liberté d'antagonisme, tant que cet antagonisme ne se
jette lui-même en dehors du droit commun.

Tel est le grand principe qui doit servir de
fondement au régime légal dans le monde
des intérêts.

Eh bien! s'imagine-t-on que ce soit un
objet de peu d'importance et dont la conquête ne réclame point beaucoup d'efforts?
Un seul mot tranchera la question : aucune
société humaine n'a jamais possédé ce droit
commun. Les civilisations anciennes ne s'éle-
vèrent pas jusqu'à sa conception. La démocratie moderne, tout en paraissant le revendiquer avec énergie, déserte incessamment sa
cause dès qu'elle croit y trouver profit pour
un intérêt de domination exclusive, ou pour
une idée de nivellement égalitaire. Mais si
l'esprit démocratique lui-même montre tant
d'instabilité et d'inconséquence dans la poursuite du véritable droit commun; serait-il
possible d'attendre son triomphe des autres
forces du monde politique et social, pour

lesquelles le but à atteindre est précisément l'inverse de celui-là?

Il n'y a donc pas lieu de s'étonner que l'évolution juridique ait dû épuiser, dans le cours des siècles, toutes les formes et tous les degrés de la partialité et de l'inégalité légales, du privilége et du droit multiple. Et comme cependant le règne du droit commun dans la liberté forme, en quelque sorte, l'atmosphère vitale des sociétés humaines et, par conséquent, le principe essentiel de leur consistance, on découvre ainsi la cause intime des renversements successifs d'empires et de civilisations dont sont jalonnées les annales du monde. Quelques indications historiques mettront en lumière ces importantes vérités.

II

C'est d'abord une illusion de croire qu'aux premiers jours de la sociabilité et avant la fondation des grands Etats il existât une certaine égalité native, consacrée par les mœurs et garantie par l'absence de castes ou de classes légalement constituées. Dans ces âges élémentaires, les idées d'égalité et de droit font complètement défaut

On ne connaît encore que le fait de la force. L'homme se considère par essence comme l'ennemi de l'homme et agit en conséquence. Il y a dans chaque groupe, de la famille à la tribu, un ou plusieurs chefs qui décident de tout sans contrôle. Les subordonnés : — femmes, enfants, serviteurs, — subissent l'absolue domination. Quand des distinctions ou des tempéraments se manifestent dans la sujétion, ils procèdent des caprices du favoritisme.

L'ordre légal naît avec la constitution de l'Etat, qui se fonde sur le droit de la guerre. Il y a donc des vainqueurs et des vaincus, partant, inégalité de droits et exploitation de ceux-ci par ceux-là. C'est pourtant un progrès, parce que la production économique reçoit dès lors une organisation fixe. A l'anthropophagie, au massacre des vaincus ou à leur expulsion totale du pays conquis succède un régime plus intelligent et plus humain, relativement parlant. Peu à peu, les éléments ainsi juxtaposés tendent à se fondre dans l'unité nationale. En somme, il n'y a jamais eu de développement de civilisation qu'à partir de ce début d'ordre juridique.

Mais quel chemin à parcourir avant de toucher au droit commun! Aucun état de l'antiquité, même parmi ceux qui possédaient la démocratie la plus avancée et la plus libre, n'y a seulement songé. Jetez, par exemple, les yeux sur la république romaine, à l'apogée de sa grandeur. Elle a conquis presque tout l'univers connu et vit fastueusement de ses dépouilles. Le citoyen romain semble élevé au plus haut point de dignité que comporte la personne humaine. La doctrine du droit a été poussée au dernier degré de raffinement et a supplanté tout le dogmatisme théologique du vieil Orient. Le peuple romain est le peuple juridique par excellence. Mais dans cet édifice si puissamment et si doctement construit, il n'y a pas d'autres principes d'unité que la hiérarchie des priviléges. La propriété, la famille, la religion, la vie civile et la vie politique, ont leurs lois différentes suivant la classe, au dedans, suivant la nationalité et la race, au dehors. Le droit patricien n'est pas le droit plébéien, malgré les luttes séculaires

soutenues pour élever l'un à la hauteur de
l'autre. Au dessous, vous rencontrez le droit
italien, le droit des alliés, le droit des étran-
gers, le droit des barbares; et au-dessous encore, le droit servile, si on peut donner ce
nom à ce qui repose sur la négation du premier de tous les droits de l'être humain, celui
de s'appartenir à lui-même. Une telle société
portait évidemment dans son sein tous les
germes de destruction que peut enfanter
l'inégalité factice et l'antagonisme des intérêts.
Ce furent d'abord les libertés politiques et la
démocratie qui succombèrent dans le déchirement des discordes civiles. Une espèce
d'égalisation dans l'avilissement commun plia
toutes les classes sous le joug du Césarisme.
La simplification et l'unité du droit y gagnè-
rent pourtant quelque chose. L'empire romain
pouvait, avec l'appui des grandes doctrines
religieuses et philosophiques qui venaient de
surgir et dont sa centralisation favorisait le
rayonnement, inaugurer une ère de civilisation
nouvelle, plus favorable que les précédentes
à l'avénement du droit commun. Mais la base
première de l'édifice était restée la même.
Il fallait toujours conserver par la force ce

qui avait été acquis par la force, et, pour cette tâche, le militarisme impérial se trouva peu à peu impuissant. On sait le reste. La civilisation s'éteignit, la barbarie reparut.

Ici un nouveau sujet d'observation et d'expérience nous est offert. Les hordes féroces qui envahirent l'Europe occidentale ne connaissaient point les raffinements juridiques du monde romain. Mais l'équité n'y gagna rien; la conquête germaine n'aboutit qu'à l'inégalité et à l'oppression brutales, et ce ne fut pas sa faute si l'organisation municipale qui survécut dans les villes à l'invasion, en servant de refuge aux débris des libertés civiles et économiques du passé, prépara lentement la rénovation future.

Au milieu du Moyen-âge, où en est-on? — La barbarie a complété son triomphe. Elle a refait, sous le nom de régime féodal, les castes de l'Orient. Et ce qui prouve à quel point l'esprit d'inégalité et de privilége l'emporta alors sur l'esprit de justice et de droit commun, c'est que l'Eglise, dépositaire et représentant de ce grand dogme de l'unité et de la fraternité humaine que le christianisme avait substitué dans les âmes à l'antagonisme universel, l'Eglise elle-même devint féodale. Elle eut son aristocratie, ses vassaux et ses serfs tout comme la société laïque.

Mais, dans les villes, un mouvement puissant et sans analogue a commencé. Pour la première fois, les forces inhérentes à l'économie sociale apparaissent et se constituent résolument en lutte contre le féodalisme. Bourgeois et ouvriers s'unissent pour la défense commune de leur avoir et de leur travail. Chaque industrie s'organise en corporation. C'est la grande Révolution des Communes, qui prélude à la vie et à l'émancipation économique modernes. Le féodalisme attaqué, en même temps, de ce côté et de celui du pouvoir central, parcourt rapidement tous les degrés de la décadence.

La féodalité abattue, l'unité politique restaurée, les franchises communales et provinciales conquises, touchons-nous enfin au règne du droit commun? Hélas non! — En fait de priviléges et d'inégalité, il n'y a que la forme de changée. Au XVIIe et au XVIIIe siècle, nous avons l'*Ancien régime*. Dans l'Etat, l'autocratie du bon plaisir et l'intrigue dominent toute loi. La noblesse de race qui a remplacé sa souveraineté d'autrefois par l'exploitation des faveurs monarchiques, conserve des prérogatives fructueuses et sans nombre. La propriété est noble ou roturière et toute différente dans les deux cas. Par exemple, l'immunité d'impôts est un des attributs de la première; l'écrasement fiscal le sort de la seconde. Chaque province, chaque ville, chaque classe a son régime propre. La corporation monopolise toute industrie et place un abîme entre le maître et le compagnon. L'Eglise a ses dîmes, ses bénéfices, sa juridiction à part. Le fonctionarisme et la vénalité des offices divisent les classes moyennes en mille coteries et avilissent la magistrature. En un mot, tout l'organisme social se compose de droits factices, et la nation entière forme des ordres, non-seulement distincts, mais profondément inégaux entre eux.

Cependant tout cela est trop inviable de soi-même et trop percé à jour par le progrès des idées pour durer longtemps. Personne n'y a foi, pas plus ceux qui en bénéficient que ceux qui en souffrent. La philosophie et la science ont renouvelé l'esprit et ravivé la conscience publics. « Deux passions principales, dit Tocqueville, se sont développées dans le sein de la France, au XVIIIe siècle. L'une, venant de plus loin et plus profonde, est la haine violente et inextinguible de l'inégalité... Elle poussait la France à bâtir une société où les hommes fussent aussi semblables et les conditions aussi égales que l'humanité le comportait. L'autre, plus récente, les portait à vouloir vivre, non-seulement égaux, mais libres. *¡L'ancien régime et la Révolution.]* »

On voit par ces lignes en quoi consista la véritable originalité et la véritable grandeur du mouvement de 89. Ce fut le premier et décisif élan de la sociabilité humaine vers l'établissement du droit commun dans la liberté.

Cela dit tout. Il n'est pas besoin de faire autrement l'éloge de cette époque. Il y avait eu déjà des révolutions politiques d'une puissante portée dans les temps modernes, par exemple, celle d'Angleterre. Mais ce n'était pas le droit commun qui leur servait d'objectif. L'inégalité légale y survécut. 89 visa plus haut. Il saisit corps à corps le grand problème et posa les bases de sa solution. Les défaillances ultérieures n'ont fait que

mieux prouver la sublimité de l'entreprise.
« Alors, dit l'auteur que nous venons de citer.
les Français furent assez fiers de leur cause
et d'eux-mêmes pour croire qu'ils pouvaient
être égaux dans la liberté. Au milieu des
institutions démocratiques, ils placèrent partout des institutions libres. Non-seulement ils
réduisirent en poussière cette législation su-
rannée qui divisait les hommes en castes,
en corporations, en classes, et rendait leurs
droits plus inégaux encore que leurs conditions, mais ils brisèrent d'un seul coup ces
autres lois, œuvres plus récentes du pouvoir
royal, qui avaient ôté à la nation la libre jouissance d'elle-même, et avaient placé à côté
de chaque Français, le gouvernement, pour
être son précepteur, son tuteur, et au besoin
son oppresseur. »

Malheureusement, l'œuvre n'était qu'inau-
gurée : il fallait la poursuivre et l'achever. Les
ouvriers ne se trouvèrent plus désormais au
niveau de la tâche. L'esprit de domination et
d'inégalité reprit le dessus. On perdit de vue
le véritable but. Les partis rivalisèrent d'ardeur pour se faire de la loi un instrument et
pour accommoder le droit à leur guise. Cha-

cun voulut posséder la liberté, mais la refusa aux autres. Gouverner, maîtriser, faire prévaloir par voie autoritaire sa personnalité ou son système, devint le point de mire universel.

Au milieu des vicissitudes et des réactions désordonnées que l'instabilité des régimes et la mobilité de l'opinion infligent à ce pays, il n'y a qu'une chose qui résiste à tous les changements, c'est le parti pris d'exploitation des intérêts généraux par la cupidité et l'ambition privées. On semble y marcher vers la constitution d'une sorte de Mandarinat où le fonctionnarisme sacré et profane, militaire et civil, le protectionisme industriel, commercial, artistique, littéraire, le favoritisme instauré à tous les degrés de la hiérarchie administrative ou autre, les monopoles et la réglementation, travaillent à créer en tout sens et de toutes parts des positions d'exception et des prérogatives officielles. La bureaucratie, l'armée, le clergé, le barreau, l'Université, la haute finance, les corporations et compagnies privilégiées ou patronnées, les associations ouvrières, forment un immense réseau d'intérêts et de passions coalisés en dehors du droit commun et contre lui. L'industrie, le

commerce, le crédit, l'agriculture, le capitalisme et le salariat veulent avoir chacun leur
part de suprématie et de faveurs. Enfin, malgré la suppression des *ordres* et des castes, on
n'en voit pas moins la noblesse, la bourgeoisie et les masses populaires tendre le plus
qu'elles peuvent à la séparation et à l'hostilité
mutuelle.

Personne ne veut donc du droit commun
dans la liberté. Et pourtant, il n'y a pas de
salut pour la démocratie moderne hors de là.
L'économie sociale naturelle ne saurait fonctionner normalement sur un autre terrain légal, ni rien obtenir des pouvoirs publics qui
supplée aux garanties de cet ordre ou qui le
remplace.

NEUVIÈME SÉANCE

L'État

Le premier appui que l'économie sociale doit trouver dans l'ordre politique, c'est la garantie du droit commun. Conquête immense que le progrès des institutions et des lois n'a pas encore pu instaurer d'une façon définitive.

Par suite de la division moderne et naturelle de l'Etat en pouvoirs législatif, exécutif et judiciaire, il incombe surtout au premier de fonder le droit commun sur ce qui est tenu désormais pour seule base légitime de tout l'ordre public, à savoir, la LOI. Mais pour que la loi écrite corresponde fidèlement, en ce qui regarde les intérêts, à la loi naturelle, il faut que celle-ci serve de source et d'inspiration à celle-là. Il faut donc que le personnel législatif représente tous les rouages de l'appareil économique : production, échange, consom-

mation, etc., de manière à ce qu'il y ait compétence pour la discussion des lois qui s'y
rapportent et pondération des forces qui
doivent subir la discipline commune.

Tel n'a point été le cas ordinaire jusqu'ici.
Deux éléments, qui ne sont qu'indirectement
économiques, ont exercé une action prépon-
dérante sur l'appareil législatif : l'élément politique et l'élément juridique.

En d'autres termes, ce sont les politiques
de profession, — hommes d'Etat réels ou pré-
somptifs, hauts fonctionnaires gouvernementaux, journalistes, etc., — et les juristes — avo-
cats, magistrats, etc., — qui le plus souvent dominent dans le pouvoir législatif. Ce qui a pour
conséquence trop fréquente de subordonner
l'œuvre propre de ce pouvoir aux ambitions
et aux compétitions politiques, aux points de
vue de parti, et aussi de faire procéder les
lois, non de l'ordre naturel scientifiquement
observé et déterminé, mais des opinions ou
traditions reçues, des faits régnants, acceptés
sans contrôle, ou enfin, d'un vague dogmatisme
métaphysique. On aboutit aisément de la sorte
au droit multiple et inégal, aux lois d'excep-

tion, d'expédient, de privilége, à une réglementation méticulaire ou arbitraire.

Il en serait tout autrement si l'on prenait pour point de départ et pour but de l'ordre juridique le mécanisme naturel de l'économie sociale. On obtiendrait une notable simplification du mécanisme gouvernemental et on laisserait aux lois naturelles toute leur bienfaisante liberté d'action pour la sauvegarde et le triomphe de l'intérêt public.

Le rôle direct de l'Etat se trouverait surtout ainsi nettement tracé; il posséderait une direction et des limites indépendantes des volontés particulières ou corporatives; et quelque fût la forme du gouvernement, on saurait ce qu'il appartient au Pouvoir de faire, ce qui excède ses véritables attributions.

Tout d'abord, la notion même de l'Etat a subi une transformation presque complète par l'avénement de la science de l'économie sociale.

Autrefois l'Etat était tout, pour ainsi dire. La société ne croyait vivre que par lui. Il représentait l'autorité, la souveraineté intégrale, en principe aussi bien qu'en fait; et comme l'organisation économique avait pour base juridique le fait de la conquête, on ne reconnaissait aucun genre de droit naturel : rien n'existait que du fait de l'Etat. Sa volonté constituait l'ordre et la justice par cela seul qu'elle était la force. « Ne pouvant, dit Pascal, faire que ce qui est juste fût fort, on fit que ce qui est fort fût juste. » Conséquemment, l'Etat était tenu pour inviolable et pour impeccable.

Cette notion de l'Etat, si agréable à l'esprit et à l'orgueil des gouvernants, dominait aussi l'esprit des gouvernés. La religion aidant, il n'y avait pas d'autre doctrine de droit que l'autocratie et l'omnipotence gouvernementales, il n'y avait de légitimement acquis que ce qui en venait. Donc, pas de liberté immanente à l'individu, pas de propriété relevant du travail, pas de distribution des richesses justifiée par l'échange des services.

Cette conception de l'Etat pénétra si profondément dans la raison humaine, qu'elle survécut au régime politique — la monarchie pure — dont elle émanait. On la retrouve, en bonne partie, dans les démocraties de l'antiquité, en Grèce et à Rome, avec cette variante, assez grave, il est vrai, que l'Etat n'est plus incarné dans un roi et identifié avec sa personne, mais qu'il réside dans le peuple souverain, c'est-à-dire, dans la réunion des citoyens libres et revêtus des droits politiques.

Il est encore à observer que le pouvoir religieux, distinct du pouvoir politique dans le régime des castes et dans la monarchie pure, passe, dans les démocraties anciennes, aux mains du peuple souverain.

La démocratie moderne a elle-même hérité de cette doctrine sur l'Etat. Rousseau veut que chaque citoyen aliène son indépendance personnelle et tous ses droits à la communauté. Il veut aussi que l'Etat statue en matière religieuse. Le Jacobinisme, la république conventionnelle et l'impérialisme, à titre de démocratie couronnée, professent ces idées, et notre parlementarisme s'y réfère jusqu'à un certain point.

Elles constituent tout le savoir de l'esprit révolutionnaire et tout le fond gouvernemental du socialisme. Il n'y a que le procédé pratique de changé. A l'autocratie personnelle du prince ou du peuple, on substitue le despotisme inconditionnel de la loi.

Cependant, comme nous le disions tout-à-l'heure, cette notion de l'Etat est radicalement ruinée dans ses' bases. Le progrès général, mais surtout le progrès religieux et le progrès économique ont fait surgir une conception toute différente.

Ce fut d'abord le christianisme qui brisa l'unité et la toute-puissance de l'Etat, en lui enlevant la souveraineté des consciences et en séparant le *spirituel* du *temporel*. L'Eglise voulut même aller plus loin et absorber à son tour le pouvoir politique ou l'assujettir. Ce fut une des grandes luttes du Moyen-âge, et l'ultramontanisme n'y a pas encore renoncé. Cependant le protestantisme, en brisant, à son tour, l'unité de l'Eglise et en ouvrant la carrière du libre examen, permit enfin à la philosophie de fonder l'autonomie personnelle de chaque homme dans le domaine de la pensée et de la science.

Au fond, ce n'est point contre le sentiment religieux que s'est accomplie cette révolution, c'est contre l'ingérence de l'Etat dans le domaine des croyances et contre le despotisme théologique auquel l'Etat prêtait son appui.

Le progrès économique vint, de son côté,

battre en brèche la vieille notion de compétence et de souveraineté intégrales de l'Etat. La Révolution des Communes, au Moyen-âge, avait pour principe, comme nous l'avons remarqué dans notre précédent entretien, la possession de soi-même et l'autonomie du travail productif. Elle donna jour au Tiers-Etat, qui prit rang dans la société politique et ne cessa dès lors de lutter pour la défense des droits économiques et pour la revendication de leur part d'influence et d'action sur le gouvernement général.

La période de centralisation et de toute-puissance monarchique nouvelle qui suivit l'écroulement du régime féodal, marque un recul dans cette marche. Mais une série de révolutions, ayant toutes pour but essentiel l'affranchissement de l'économie sociale des usurpations du pouvoir politique, montra que le rôle de l'Etat moderne ne pouvait plus ressembler à celui des gouvernements anciens.

Aussi ne fut-ce point dans les changements de forme gouvernementale que consistèrent la rénovation de l'Etat et le bienfait capital des révolutions modernes, — comme ne le prouvent que trop nos perpétuelles tergiver-

sations entre la république et la monarchie —
ce fut dans la réduction du rôle même et du
pouvoir de l'Etat et dans les garanties cons-
titutionnelles dont la société s'arma contre
son autocratie passée.

On lui fit sa part; on l'enferma dans un
cercle précis d'attributions; on le soumit à un
contrôle permanent et, pour dernier trait, on
en fit un fonctionnaire salarié.

Cette radicale transformation de l'Etat aurait produit ses fruits nécessaires et naturels
de liberté, d'ordre et de prospérité croissants
si nous n'avions pas continué indéfiniment à
subir l'entraînement des illusions révolution-
naires qui redonnent une vie factice à l'antique théorie d'omnipotence et de souveraineté
absolues de l'Etat. Chaque parti professe, pour
son compte, cette théorie, et, depuis la légitimité pure jusqu'à la dictature démagogique
ou socialiste, on ne rêve, chez nous, que la
reconstruction de cette omnipotence. Les
partis intermédiaires eux-mêmes sont en-
goués de manie gouvernementale et de réglementarisme. « Ce dont la France a le
plus besoin, disait M. Guizot, c'est d'être
gouvernée. » Ce qui peut être vrai, si l'on n'a

en vue que le maintien de l'ordre public, au milieu des ambitions et compétitions effrénées de parti, mais n'exprime qu'un anachronisme funeste, si on envisage avec calme les besoins et les conditions normales d'existence de la société moderne.

La science a pris irrévocablement possession du sujet. Elle enlève à l'Etat toute souveraineté sur l'ordre économique aussi bien que sur l'ordre religieux et que sur la pensée humaine.

L'Etat n'est point, par essence, producteur, et sa consommation ne saurait avoir d'autre objet que les dépenses nécessaires pour l'intérêt général.

Incompétent, dissipateur, partial, corrupteur, quand il se mêle soit de gouverner la production soit de réglementer l'échange, l'Etat fausse le mécanisme de l'économie sociale, en détruit l'équilibre et assume des responsabilités qui se tournent tôt ou tard contre lui-même en récriminations et en exigences impossibles à satisfaire.

Non, les droits et les libertés économiques ne relèvent point de l'Etat. Tout empiétement de son fait sur la liberté du travail et sur celle de l'échange, sur la propriété de droit commun, sur l'organisation des forces productives — capital et travail, — sur l'association, le crédit, etc., constitue une usurpation aussi funeste qu'illégitime.

Quel est donc son rôle vrai?

L'Etat est l'organe de l'ordre, de la paix, de la sécurité et de la justice, dans le milieu social. Ces simples mots peuvent se passer de tout commentaire. N'expriment-ils pas la plus sublime et la plus importante mission qu'il soit possible de remplir ici-bas? Ne font-ils pas de l'Etat le représentant de Dieu dans le monde des intérêts? Est-il un homme politique, vraiment digne de ce nom, qui refuserait de restreindre son ambition aux limites d'une pareille tâche?.. On n'a donc nullement besoin de développer le programme contenu dans ces mots : ordre, paix, sécurité, justice, pour faire comprendre quelle ampleur de lumières naturelles et acquises, quelle élévation d'esprit et de caractère, quelle portée de vues et quelle dignité d'âme doivent posséder ceux qui sont chargés de le réaliser!

C'est d'ailleurs une besogne toujours croissante, ensuite des développements de la vie économique moderne et qui exige par conséquent un concours de plus en plus multiplié. On peut même dire que cette besogne entraînerait des complications écrasantes sans une division corrélative des attributions et des fonctions publiques. Il n'y a donc point là d'amoindrissement de l'action gouvernementale, qui se fortifie au contraire en se limitant et en s'épurant.

Cependant, le rôle de l'Etat ne se borne pas aux garanties d'ordre, de sécurité et de justice que réclame la vie intérieure des sociétés. Cette même mission, l'Etat doit la remplir au dehors. Dans les rapports de peuple à peuple, l'Etat est la personnification de celui qu'il gouverne. La défense nationale et la protection des intérêts généraux lui incombent.

Mais, que d'écueils se dressent sur cette route! L'armée seule, quel instrument pour le mal, si son organisation et son emploi n'ont pas reçu comme une vie nouvelle des principes constitutifs de l'Etat moderne!

Il est aussi des attributions directement économiques qu'on ne saurait refuser à l'Etat.

C'est, en premier lieu, la formation et la gérance des capitaux publics: viabilité, édilité, salubrité, etc.; c'est l'exploitation du domaine indivis: biens de l'Etat, biens communaux, etc.; c'est la régulation monétaire et beaucoup d'autres choses analogues. Puis apparait la grande question de l'instruction publique, sur laquelle force est bien de faire fléchir les solutions absolues devant l'indiscutable besoin d'exhaussement intellectuel et moral, pour ainsi dire immédiat, qui peut seul faire le salut de notre démocratie.

Faut-il parler encore des devoirs de la bienfaisance publique ? La nécessité y fait sentir aussi son empire; mais on touche vite en ce point aux limites de l'efficacité d'action de l'Etat. Le paupérisme n'a jamais cédé devant ce genre de remèdes. Toute taxe des pauvres entretient et propage la misère plus qu'elle ne la guérit. L'initiative privée ou collective et le secours mutuel sont plus puissants que l'Etat contre cet ordre de fléaux.

On pourrait allonger cette liste des attributions subsidiaires de l'Etat. Cela est inutile pour une étude où nous avons à peine le temps de poser les principes.

Toutefois, il reste un objet capital. Pour remplir ses vastes et difficiles fonctions il faut à l'Etat d'immenses ressources. C'est à l'impôt qu'il les demande. Nouvelle intervention dans le domaine économique. Non-seulement, par le prélèvement de l'impôt, l'Etat entre en participation des fruits de la production sociale, mais encore, par le système adopté pour ce prélèvement, il influe sur cette production et, par l'économie bonne ou mauvaise de son budget, il travaille à l'enrichissement ou à l'appauvrissement commun. L'impôt bien assis, modéré, proportionnel, employé judicieusement, retourne à la société, comme une rosée bienfaisante. Excessif, anti-proportionnel, dissipé follement, il est l'instrument de toutes les iniquités, l'incitateur de tous les abus gouvernementaux.

Aussi, n'est-il pas d'objet sur lequel il importe autant de soumettre l'Etat au contrôle incessant des mandataires du peuple.

A un autre point de vue encore, l'impôt réclame des garanties contre l'arbitraire gouvernemental. Dans les sociétés monarchiques passées, il pesait exclusivement sur les petits et laissait intacte la richesse des grands. Dans les démocraties radicales, au contraire, on incline à employer l'impôt comme procédé d'égalisation des conditions. Ces deux genres d'abus sont pareillement préjudiciables à l'économie sociale. Ce n'est point la mission de l'Etat de présider à la distribution des richesses ni d'en chercher l'équilibre. Une aggravation de misère est tout ce qui peut sortir d'un semblable fonctionnement de l'impôt.

Que dire enfin, dans un si rapide exposé, de ce puissant ressort des finances gouvernementales qu'on nomme le crédit public, si ce n'est qu'il suffit de jeter les yeux sur l'usage qui en a été fait jusqu'ici, de constater l'énormité des dettes imposées de la sorte à chacun des pays civilisés modernes, pour y puiser un témoignage de plus des périls auxquels les tendances propres du pouvoir politique peuvent exposer l'économie sociale, tant que son domaine n'est pas rigoureusement circonscrit.

En résumé, les attributions d'ordre économique ne manquent pas à l'Etat. Il risque plutôt d'en être accablé, si la décentralisation administrative ne vient pas de plus en plus à son aide. Et ce qu'il a de périlleux, c'est que la limite exacte où doit s'arrêter l'action de l'Etat, dans cette voie, varie presque forcément sous l'empire des circonstances de temps et de lieu et surtout suivant le tempérament des peuples. Chez nous, par exemple, non-seulement on ne résiste pas à l'immixtion gouvernementale où qu'elle se produise, on la provoque, on l'exige. « L'Etat peut tout, dit-on ou pense-t-on, donc il doit tout faire. » On oublie que la force de l'Etat ne vient pas de lui, qu'il est un organe de la société et non la société elle-même, et qu'il ne saurait changer sa destination propre sans faire tourner la force dont il dispose au détriment des forces libres de l'activité générale et sans aboutir à leur énervement. Partout où l'Etat met la main, il surgit un monopole ou un privilége. N'est-ce pas constater que son intervention dans l'économie sociale ne peut, sans de grands dangers, aller au-delà du strict nécessaire?

Limiter le Pouvoir est donc une des fins les plus importantes du progrès, un des ob-

jets les plus essentiels de la science. Et loin
de perdre quelque chose de sa véritable
valeur par cette limitation, l'Etat ne peut
qu'y gagner. Sa dignité et sa considération
seront d'autant plus réelles qu'il demeurera moins en possession de cette faculté
d'arbitraire et d'autocratie qui exerce une
action si corruptrice sur les gouvernants et
sur les gouvernés, et qui suscite à égal degré
la soif de domination et l'enflèvrement des
révolutions.

Heureux les pays où ce redoutable problème est enfin résolu! La liberté et l'ordre
s'y consolident et s'y développent l'une par
l'autre; les mœurs publiques, pures et fortes,
y servent d'école et de soutien à la moralité
privée. Il ne faut pas craindre de citer comme
exemple de ce décisif progrès la petite république qui marche, au sein de l'Europe,
en tête du mouvement démocratique moderne.
J'ai nommé la Confédération helvétique.

II

Ceci nous amène à dire quelques mots de
la question de forme du gouvernement. Quel-

ques mots seulement, car cette question n'appartient point en propre au domaine de l'économie sociale.

Que l'Etat soit monarchique ou républicain, aristocratique ou démocratique, son rôle et ses limites restent les mêmes, et il sera de plus en plus forcé de s'y maintenir.

On peut toutefois se demander si chacune des formes de gouvernement présente des garanties équivalentes pour le fonctionnement libre et normal des forces économiques, sous l'égide du droit commun. En théorie pure, on ne saurait guère refuser au régime républicain, la supériorité à cet égard sur les autres. Ayant pour essence l'égalité légale et la liberté, et plaçant la base du Pouvoir dans le suffrage général, la république semble tout particulièrement apte à laisser aux intérêts leur légitime essor et à restreindre l'action gubernatrice aux soins d'une tutèle qui ne soit ni oppressive ni partiale. Mais cela suppose une situation morale et intellectuelle, acquise à l'ensemble des citoyens, sans distinction de classes ni de fortune, qui n'a point été jusqu'ici le fait général des nations vivant en république.

Nous entendons par cette situation le degré de connaissance des lois naturelles de l'économie sociale et de soumission volontaire à ces lois, nécessaire pour que l'ordre, la paix, la sécurité des intérêts et le respect des droits naturels ou acquis triomphent pour ainsi dire spontanément des convoitises de l'envie et des illusions de doctrines utopiques ou démagogiques. Il est bien clair que si de telles dispositions n'existent point chez les citoyens avec un caractère suffisant de généralité, le régime républicain peut non-seulement perdre ses avantages théoriques, mais encore aboutir à de plus graves mécomptes que tout autre, par la raison bien simple qu'il met, en définitive, le Pouvoir aux mains des masses illettrées, ou, ce qui revient au même, à celles des hommes qui savent le mieux capter leur confiance.

Le grand vice du système réside alors en ceci, que l'esprit démocratique se laisse emporter par l'idée de faire servir l'Etat à une transformation du monde économique dans le sens de l'égalité absolue des conditions et de remplacer le jeu libre de la production et de la répartition des richesses par des com-

binaisons factices et dictatoriales, d'autant
plus dangereuses qu'elles semblent procéder
d'un sentiment plus élevé de commisération
et de fraternité sociales. Une fois sur cette
pente, le régime républicain arrive vite aux
abîmes. L'édifice des institutions subit les
terribles ébranlements de la guerre civile; la
vie économique, atteinte dans ses sources,
s'affaiblit avec rapidité et, pour ne pas suc-
comber tout à fait, elle fait appel à la protection d'une autorité illégitime, sans doute, aux
yeux du droit, mais qui du moins sait mettre l'ordre à la place d'une liberté incapable
de se gouverner elle-même et se résolvant
dans l'anarchie et dans la ruine générale.

Ce que nous venons de dire n'est que le
résumé des enseignements de l'histoire universelle. Toutes les grandes civilisations nationales ont tendu successivement au régime
républicain comme au terme rationnel du
progrès politique; mais ce régime n'a point
eu la puissance de préserver ces civilisations
d'une décadence plus ou moins prompte, s'il
ne l'a même précipitée en déchaînant sur elles
le fléau des révolutions et en subordonnant
l'empire nécessaire du principe d'autorité au

triomphe des factions. Et si les républiques du passé, qui n'accordaient la souveraineté politique qu'à une minorité de membres du corps social, n'ont pu échapper à ces périls, combien ne semble-t-il encore plus mal aisé de s'y soustraire dans des républiques où l'égalité des droits et de la souveraineté s'étend à la totalité des hommes vivant sous leur loi!

Cependant, il ne faudrait pas trop se hâter non plus de conclure sur un sujet si délicat et même si nouveau à maints égards. C'est précisément parce que la démocratie vers laquelle nous tendons recèle de tous autres éléments et de toutes autres forces que celles des démocraties passées, qu'il serait irrationnel et injuste à la fois d'apprécier les destinées de celle-ci par les destinées de celles-là.

N'existe-t-il pas déjà, dans le monde, des républiques offrant tous les caractères de vitalité et de stabilité que puisse posséder la civilisation politique? Les Etats-Unis et la Suisse n'ont-elles pas su se donner des institutions aussi libérales que sages, aussi progressives que démocratiques, sans rester à

la merci des aventures et de l'esprit de bouleversement?

Il est donc permis de dire que ces pays
ont ouvert au régime républicain une voie
nouvelle, dans laquelle chaque peuple peut
entrer s'il possède le degré de raison et de
vertu que réclame une pareille entreprise.
Car, on ne saurait trop le répéter, c'est moins
par les institutions qu'une république vit et
prospère que par les idées et les mœurs.
Pour l'établir il suffit d'un coup de force,
d'une émeute réussie; pour la conserver il
faut l'union de la modération et de la constance dans les sentiments à la virile énergie
des caractères, du respect de l'ordre légal
à l'amour de la liberté, d'un sens politique
à la fois élevé et pratique à la haine vigou-
reuse de toute espèce de joug.

Il ne s'agit plus du tout, pour la république
de l'avenir, de transférer la dictature ou l'autocratie des mains d'un prince à celles du
peuple, mais de substituer, dans toute la
mesure du possible, le gouvernement de soi-
même par chaque citoyen au gouvernement
extérieur, et de placer la sauvegarde de l'Etat
dans les forces morales de la société, au lieu

de faire dépendre le salut de la société de la force matérielle de l'Etat. Désormais tout autre genre de république ne serait pas un progrès, mais un recul. Disons plus, il serait inviable.

DIXIÈME SÉANCE

La société universelle

Bien que les principes rationnels de l'organisation juridique et gouvernementale soient les mêmes pour tout Etat, il n'arrive guère en fait que le régime politique de l'un convienne à un autre. On dit avec raison que chaque peuple a le gouvernement qu'il mérite. Cela signifie qu'il y a toujours entre les institutions publiques d'un peuple et son caractère un rapport de convenance ou de nécessité qui prévaut sur la théorie et qui fait varier plus ou moins profondément ces institutions de pays à pays. D'où on voit que les lois et la forme du gouvernement n'ont qu'une valeur relative aux temps et aux lieux et demeurent essentiellement nationales, jusque dans les transformations qu'elles subissent sous l'action du progrès.

Toute autre est la portée des lois naturelles

de l'économie sociale. Celles-ci n'empruntent rien au tempérament local, elles sont cosmopolites et unitaires. Il n'y a pas plus d'économie nationale que de chimie ou d'astronomie nationale. La vie économique de chaque peuple puise dans celle des autres peuples une partie de ses éléments et lui communique les siens; et cette réciprocité ne connaît pas d'autres limites que celles du genre humain tout entier. Nous le démontrerons tout-à-l'heure.

Il résulte de là que l'association naturelle qui fait de chaque homme, dans un milieu restreint, à la fois le coopérateur et le tributaire des autres hommes et qui donne naissance à l'unité de plan organique de l'économie sociale, s'étend de peuple à peuple et en forme une seule société reposant de même sur l'identité des besoins et sur la solidarité des services. Ce n'est pas tout d'un coup, il est vrai, ni d'une façon intégrale que cette solidarité se réalise affectivement, mais les choses se sont-elles passées autrement pour chaque société partielle?.. Il suffit que le mutualisme international soit apparu dès l'origine de la sociabilité humaine et qu'il en suive tous les

développements, pour qu'on doive le considérer comme indispensable à son évolution et
comme réprésentant l'un des termes essentiels
de son existence. Ainsi s'explique l'identité des
lois de science et leur portée par-delà toutes
les limites que le nationalisme établit entre
les contrées et les peuples.

Nous voilà donc en face de cette grande
idée de société universelle qui a toujours
plané sur les destinées humaines, à l'état
d'affirmation sentimentale, de dogme religieux et même de tendance politique et sociale. La philosophie et la science s'en ins-
pirent pareillement; l'une, pour fonder les lois
de la pensée et celles de l'ordre moral;
l'autre, pour en tirer ses principes de certitude. N'est-ce pas en effet l'adhésion universelle qui donne à l'autorité scientifique
son suprême empire? Et n'est-ce pas l'identité et la continuité de méthode dans les
travaux des générations successives et des
observateurs de tous les pays qui constituent
l'unité de la science et la font avancer? « Non-
seulement, dit Pascal, chacun des hommes
s'avance de jour en jour dans les sciences,
mais tous les hommes ensemble y font un

continuel progrès... de sorte que toute la suite des hommes pendant le cours de tant de siècles, doit être considérée comme un même homme qui subsiste toujours et qui apprend continuellement. »

La théorie synthétique du progrès sort de ces données. Nous comprenons comment notre civilisation moderne est fille de toutes les civilisations passées et, par là même, l'emporte sur elles. C'est encore ce qui nous donne l'espérance que l'humanité entière doit y avoir part.

Mais ici nous touchons à la limite qui sépare la réalité de l'utopie, et l'on sait avec quelle hardiesse cette limite a été franchie par l'imagination contemporaine. « Solidarité universelle, fraternité et fédération des peuples, effacement des frontières politiques, république universelle, etc., » voilà des formules dont nous a saturés la démocratie socialiste et qu'elle ne présentait point comme un but idéal vers lequel les conquêtes de chaque époque servent d'acheminement, mais comme un programme dont la réalisation immédiate ne demanderait qu'un coup de baguette de la Révolution.

Et pourtant, il ne s'agit que d'ouvrir les yeux pour s'apercevoir des cruels démentis que les faits infligent à de telles illusions. L'espèce humaine se compose de races énormément distantes les unes des autres pour le caractère et l'intelligence, pour le développement social, les goûts, les idées, les institutions etc. Chacune de ces différences et inégalités agit comme principe de répulsion et suscite des préjugés qui ont offert jusqu'ici une invincible résistance à l'accès de notre civilisation. Est-il même certain que les trois quarts de l'espèce humaine soient capables de s'élever au degré de progrès nécessaire pour comprendre la vie moderne et, à plus forte raison, pour donner les mains à un fusionnement politique et social, dans le sens du moins que nos humanitaires y attachent? On croirait pourtant, à entendre ceux-ci, que les peuples seraient prêts à se jeter dans les bras les uns des autres, n'était le mauvais vouloir des gouvernants!..

Mais considérez seulement le groupe des nations civilisées et voyez si le vieux patriotisme, avec tout ce qu'il comporte de suspicions et d'antipathies mutuelles, y paraît

9

en voie d'abdication. C'est par l'armement universel que l'Europe répond aux propagandistes de la fraternité.

Il y a plus encore : toutes les grandes forces morales qui semblent tendre par nature à l'unité humaine, y font effectivement obstacle. Quoi de plus antagonique que les religions entre elles, dans leurs sentiments comme dans leurs dogmes ? C'est l'exclusion absolue. Le monde chrétien lui-même n'a-t-il pas fait sortir de l'Evangile, ce grand labarum de la fraternité universelle, des Eglises adverses et irréconciliables ? Et la plus puissante de ces Eglises, le Catholicisme ne nous présente-t-il pas à cette heure, dans son propre sein, le spectacle d'un déchirement nouveau, en même temps qu'il se constitue plus irrévocablement que jamais en opposition avec la société moderne ?

Que dire du monde politique, à son tour, si ce n'est que la division paraît s'y accentuer incessamment en raison des progrès acquis. Plus la liberté et l'égalité gagnent de terrain, plus le conflit des opinions et la lutte des partis prennent d'intensité et de violence. Sur quoi s'entend et s'accorde-t-on aujourd'hui ? Les partis mêmes ne sont, le plus souvent, que des coalitions passagères formées pour le besoin du combat. Triomphent-ils : les alliés d'hier se changent incontinent en ennemis. Puis, aux ferments sans nombre de discordance politique viennent se joindre les ferments de guerre sociale. Ce n'est rien moins que la spoliation en masse des propriétaires et l'immolation des hautes classes aux intérêts prétendus du prolétariat qu'on décore du nom de triomphe de la justice et d'avénement du règne de la fraternité.

Il ne faut pas, sans doute, tirer des conséquences trop sombres de ce dévergondage d'antagonisme. Chaque époque a eu le sien; et si l'on peut dire ou croire que dans la nôtre le génie de la discorde prévaut plus que jamais, cela tient à ce que la liberté, récemment et incomplètement conquise, ne sait pas encore se gouverner elle-même. Mais il est bon d'opposer l'enseignement des faits aux folles espérances du sentiment, afin de bien faire comprendre que ce n'est point du tout en parlant à tort et à travers d'unité, de solidarité, de fraternité, qu'on peut travailler efficacement à rapprocher les idées et les intérêts, soit dans le cercle de la vie nationale, soit dans les rapports de peuple à peuple. A l'esprit scientifique seul il appartient d'accomplir une si difficile mission, parce que, seul, il possède la puissance de créer les convictions générales et impersonnelles à la fois, c'est-à-dire, supérieures aux points de vue partiels et aux suggestions de l'égoïsme individuel ou collectif.

Cependant les convictions scientifiques ne sont encore le partage que d'un très-petit nombre d'hommes en tous pays, et leur influence sur l'esprit public se trouve, par là même, fort restreinte. Les germes de société universelle dont le monde savant est dépositaire n'arriveront donc que bien lentement à maturité, si la culture intellectuelle des masses doit précéder et préparer leur éclosion.

Il existe heureusement un moyen plus direct et plus court de tendre au but. Il y a un point de rencontre rationnel et pratique entre les aspirations du sentiment et les inductions de la science touchant le grand dogme de la civilisation universelle.

Ce moyen, ce point de rencontre, ce procédé pacifique et rapide de transformation des faits, l'économie sociale naturelle le porte avec elle. Il constitue son objet, son œuvre propre, et ne réclame aucun secours extérieur, si ce n'est qu'on ne lui barre pas systématiquement le chemin.

Non-seulement l'économie sociale naturelle possède des organes d'universalisme, si l'on peut s'exprimer ainsi, comme la monnaie, le commerce, le crédit, etc., mais encore elle est, par sa constitution fondamentale, la molécule première et le principe générateur de la société universelle.

Rappelons d'abord qu'il n'y a pas de société humaine qui ne repose sur la division du travail et sur l'échange des services. Si différent en tout autre point, l'organisme social est pourtant identique en ceci. Les hommes ne sauraient vivre autrement. Mais, ce qui n'est pas moins digne d'attention, les antagonismes de tout ordre — politiques, religieux, intellectuel, moraux — qui maintiennent avec tant de force l'isolement des peuples et des races entre eux, disparaissent tout à coup pour ce qui concerne l'échange des services. Chaque société s'y rallie spontanément comme au complément naturel et logique de sa propre existence. Chacune court au-devant de l'échange extérieur avec une telle ardeur que bientôt il ne lui est plus possible de s'en passer. Ainsi se forme d'elle-même la société universelle dans le monde des intérêts et par la seule vertu des lois intimes de l'économie sociale.

Prenons pour exemple l'état actuel des choses dans notre pays. L'agriculture est chargée en principe de fournir aux industries de tout ordre et de tout degré les matières premières et l'outillage. Mais la nôtre suffit-elle à cette tâche? — Non, celle de tout l'univers n'y est pas de trop. Nos manufactures de soie tirent leur alimentation de tout le midi de l'Europe et de l'extrême Orient. Nos manufactures de coton reçoivent la totalité de leur approvisionnement de l'Amérique du Nord, du sud de l'Afrique et de l'Indoustan; nos fabriques de lainage se ravitaillent sur tous les points du globe. Des industries textiles passez aux industries métallurgiques, vous les trouverez soumises aux mêmes conditions d'existence. L'or, le cuivre, l'argent, le mercure, etc., nous viennent de toute autre

part que de notre pays. Les plantes tincto-
riales, les produits chimiques, les résines,
les beaumes, les peaux et fourrures et jusqu'aux médicaments, l'immense majorité, en
un mot, des richesses naturelles dont vivent
nos arts producteurs sont les apports de
la culture et du travail universels.

Otez à notre industrie nationale une partie
seulement de ces moyens extérieurs d'approvisionnement et d'outillage, elle est immédiatement réduite, appauvrie à un degré pareil.
Faites le blocus complet, elle est frappée de
mort. Ce fut assez de la guerre de sécession
des Etats-Unis pour mettre aux abois les
manufactures de coton de toute l'Europe.
La maladie des vers à soie aurait peut-être
ruiné sans retour la fabrique lyonnaise, pendant ces dernières années, sans le secours
qu'elle trouva au Japon.

Si on découvre sur quelque coin que ce
soit du globe une ressource nouvelle, elle
entre aussitôt dans le mouvement universel
des échanges. Voyez ce qu'a produit la découverte des placers californiens et australiens!
S'il s'agit d'une plante alimentaire, susceptible
d'acclimatation générale, elle figure bientôt

dans notre culture. La pomme de terre et le sucre en offrent de frappants témoignages. La nature s'oppose-t-elle à ce déplacement, l'échange y supplée en dépit des distances. Consomme-t-on moins de café, de thé, de chocolat, etc., dans notre pays, parce que le climat s'y refuse à leur production ?

Si, en effet, comme producteurs, nous ne pouvons nous passer d'aucune des parties du monde connu, en tant que consommateurs, nous ne sommes pas plus indépendants. La France est riche de son propre fonds et mieux cultivée qu'elle ne fût jamais, cependant elle ne produit point assez de blé pour la consommation de ses habitants, puisque, année moyenne, il faut y ajouter six à huit millions d'hectolitres de blé étranger. Elle ne produit pas assez de viande, puisque les bestiaux de l'Europe centrale affluent sur ses marchés; elle ne produit pas la dixième partie des matières textiles qui lui fournissent ses vêtements, ni des métaux qu'elle emploie, sauf du fer. Enlever toutes ces ressources extérieures à la France ce serait non-seulement la ramener aux époques de barbarie, mais encore la convertir en désert. Et ce qui est vrai pour le pays dans son ensemble, n'est pas moins vrai pour chacun des individus qui l'habitent. Ecoutons, à ce propos, un des maîtres de la science économique, M. Michel Chevalier :

« Arrêtons nos regards, non pas même sur l'artisan, mais sur l'homme de peine, à l'intelligence inculte, qui ne vaut que par la force de ses muscles, et qui forme la classe la plus mal lotie de nos sociétés.

Dans son vêtement même très-modeste, dans son ameublement même grossier, dans sa nourriture plus que simple, ce ne sont pas seulement ses voisins ni ses concitoyens des autres quartiers de la ville, ce ne sont pas seulement ses compatriotes des quatre points cardinaux, ce ne sont pas seulement les pays avoisinants et l'Europe dont il obtient le concours et la contribution matérielle par le moyen des services qu'il rend à tels ou tels membres de la société avec lesquels il est en contact direct et immédiat. L'Asie, l'Afrique, l'Amérique, l'Australie, les archipels des Antilles et de la Sonde lui fournisseut aussi leur contingent dont ils ont le retour.

« Cet individu, que je supposerai habitant de Paris, porte des vêtements de laine dont l'Algérie, ou le Maroc, ou le cap de Bonne Espérance, ou l'Australie ont aidé à fournir la matière première, et l'intervention de ces contrées lui permet de les acheter à plus bas prix. Sa chemise et son mouchoir, qui sont en coton, ont été fabriqués avec une substance qui vient des Etats-Unis, ou de l'Egypte, ou du Brésil, ou de l'Inde, et qui peut-être offre le mélange de toutes ces provenances. La portion de viande qui est sur son assiette est tirée d'un bœuf sorti tour à tour des herbages de la Normandie, de ceux de la Flandre ou du Limousin, ou du Poitou, ou de l'Aveyron, ou de la Belgique ; ou bien elle a été importée des fabriques de conserve de Buenos-Ayres, ou de Montevideo, ou de la province de Victoria dans la Nouvelle-Hollande. Vous savez qu'en ce moment l'Angleterre consomme une très-grande quantité de bœuf et de mouton de cette dernière origine, et il n'y a pas de raison pour que nous nous en privions à Paris et dans le reste de la France. La fourchette et la cuiller de ruolz qui sont tombés occasionnellement, sinon quotidiennement, à la portée des pauvres gens eux mêmes dans Paris, ont été embellies et assainies avec du métal qui est sorti d'un creuset où l'on avait mêlé de l'argent du Mexique avec d'autre du Pérou, ou de l'Etat de Nevada, ou des mines d'Espagne, ou des gisements français de Pont-Gibaud et de Villefort. Pareille chose pour le café, qui est à l'usage journalier de toutes les classes, même des plus déshéritées parmi notre nation, du moins dans les grandes villes. Ce café est-il de Saint-Domingue, ou du Brésil, ou de Java? Il est peut-être de tous ces endroits à la fois. Pareillement pour le sucre, qui entre par tant de portes dans le régime alimentaire de toutes les classes. Je pourrais passer en revue successivement tous les modes de l'existence et j'arriverais toujours au même résultat : dans la vie civilisée des modernes, l'échange des choses matérielles, ou des services qui sont l'objet d'un commerce, est un fait général et permanent.

Mais ce qu'il faut encore observer, c'est que la virtualité du système réside dans le caractère de réciprocité inhérent à ces échanges, d'un bout à l'autre du monde. Si nous utilisons les matières premières et si nous consommons les produits de l'univers entier, nous compensons pleinement avec nos propres services ceux qui nous sont rendus. Nous expédions en tous pays du vin, des étoffes de soie, de coton, de laine, des objets d'ornement et d'art industriel, des œuvres littéraires, etc., etc. Il n'est pas sous le soleil de peuplade qui ne nous doive une partie de ses moyens d'existence. Et, du même coup, cette exportation, qui va croissant d'heure en heure, est la condition *sine quâ non* du maintien de notre production et à plus forte raison de son agrandissement. D'où l'on voit combien la réalité des choses cadre mal avec les idées de cet homme d'Etat qui s'écriait, dans un élan d'enthousiasme protectioniste : « Nous donnons au producteur français un marché de trente-six millions de consommateurs : il peut bien s'en contenter ! »

On ne saurait au contraire invoquer de meilleur argument que cette nécessité toujours plus impérieuse de l'échange international en faveur de la liberté du commerce, et il est facile de comprendre dès lors pourquoi les économistes n'ont cessé de la revendiquer d'une commune voix depuis l'origine de la science. C'est une question de vie ou de mort pour les destinées du genre humain.

Laissez donc ces grandes destinées s'accomplir, « laissez faire, laissez passer, » on ne vous demande pas autre chose. La force intime et autonome de l'économie sociale fera le reste. Elle saura féconder et exalter le génie des découvertes ; elle saura susciter à propos toutes les entreprises réclamées par l'expansion de l'échange universel. C'est, à notre époque, la locomotive à vapeur, le télégraphe électrique, le crédit et son puissant appareil de banques publiques, le cosmopolitisme des capitaux ; c'est le percement des isthmes océaniens et des colosses alpestres ; c'est enfin l'immense mouvement de colonisotion dont les peuples avancés prennent l'initiative, non plus, comme dans la colonisation antique, pour supplanter et exterminer, mais pour enrichir et civiliser.

II

Nous allons maintenant apprécier l'influence que ces grands faits sont appelés à exercer sur la constitution interne de l'économie sociale.

Bien des problèmes restent encore à résoudre pour le progrès économique : l'équilibre de la production et de la consommation, la régularisation et la constance des prix, la distribution harmonique des forces, la péréquation des moyens de subsistance avec le développement de la population, l'extinction du paupérisme, etc. J'énonce ces problèmes sous la forme que leur prête le langage vulgaire, sans chercher à rectifier ce langage en ce qu'il a d'inexact, aux yeux de la science, parce que cette énonciation me suffit en ce moment pour être compris.

L'échange universel ne saurait réaliser un équilibre absolu de la production et de la consommation, parce que cet équilibre n'est pas dans la nature des choses. La puissance de produire a, sans doute, ses limites que la consommation doit nécessairement subir, mais ce n'est là qu'un fait de relation passager et instable. Les besoins de consommation s'accroissent indéfiniment en regard des moyens de satisfaction. La surabondance et même la suffisance finale des richesses est donc une chimère.

Mais le véritable équilibre à obtenir c'est celui qui s'exprimerait par ces deux termes opposés: plus de disettes et plus d'encombrements de marché. Or, qui ne voit aisément que l'échange universel donne solution, dans toute la mesure du possible, à ce double problème ? Toute disette est un accident et, par cela, un phénomène local et transitoire. Elle doit donc trouver son remède dans les ressources de la production universelle. Ce n'est qu'une question de compensation alternative. Le blé manque ici, aujourd'hui, et abonde là; mais tout ne manque pas en même temps que le blé et il y a encore matière à échange. D'ailleurs, les situations seront inverses demain. Si donc l'échange est omnimode et constant, il aboutira, autant que faire se peut, à un équilibre compensateur; son efficacité se manifestera en raison de son étendue. C'est ainsi que la liberté du commerce des grains met tous les pays industrieux qui jouissent de cette liberté à l'abri des famines qui désolaient périodiquement l'Europe au temps des prohibitions d'échange international. Étendez l'échange jusqu'à ses dernières limites, et voyez le résultat.

Les encombrements de marché ne sont, non plus, que des phénomènes accidentels et partiels. Un trop plein général et constant des marchés ne se concevrait pas, puisque les produits se servent réciproquement de débouchés en s'échangeant entre eux, et que la consommation tend de cela même à grandir indéfiniment. Les encombrements partiels, que le préjugé impute à l'action de la concurrence, viennent soit d'une surabondance de production qui ne saurait avoir un certain caractère d'étendue que lorsqu'elle résulte de causes climatériques, comme l'exubérance prolongée de récolte, soit d'un brisement de la chaîne des échanges, causé par la guerre, ou par des calamités locales, ou par une brusque élévation de barrières fiscales entre les pays. L'exubérance de récolte est un malheur fort aisé à supporter, pourvu que la faculté d'exporter soit intacte; sinon elle entraîne l'avilissement des prix et décourage la production. Le brisement des relations d'échange ne relève de l'économie sociale qu'à titre de négation de ses lois naturelles, lorsqu'il s'agit, par exemple, *de protéger le marché national.* C'est pourtant ce système lui-même qui soumet chaque foyer producteur à des alternances de chômage et d'activité en restreignant facticement ses débouchés. Comment un marché restreint échapperait-il aux

conséquences des perturbations locales ? Il
ressemble à un réservoir de peu d'étendue où
aboutissent des courants tantôt gonflés par
les pluies tantôt épuisés par la sécheresse.
Le niveau de ce réservoir s'élèvera et s'a-
baissera tour-à-tour au gré des saisons. Le
marché universel ressemble à l'Océan, qui
reçoit et alimente sans cesse tous les fleuves
du monde sans que son niveau en soit sensi-
blement modifié.

Tout ce qu'il y a de possible en matière
d'équilibre de la production avec la consommation est donc attaché à l'existence de l'é-
change universel.

Le problème de la constante et régulière
modération des prix y trouve pareillement sa
solution. Les brusques et fortes oscillations
de prix, en tant qu'elles ne résultent pas d'é-
vénements subits, impossibles à prévoir et
d'une portée toute locale, ne sont que des
corollaires du marché restreint où la spéculation, les monopoles factices, les influences
d'opinion exercent un facile empire. Pendant
la guerre américaine de sécession, le marché
des cotons européens passait, d'un jour à
l'autre, de l'élévation extrême à un abaisse-

ment énorme des prix. Tout est rentré dans l'ordre depuis le rétablissement des rapports d'échange que troublait cette guerre. Et s'il en revenait une autre, le trouble serait moins grand, parce que de nouveaux marchés d'approvisionnement se sont ouverts depuis lors.

Mais cette question en contient une autre non moins intéressante et qui lui prête un souverain appui. La société universelle, au point de vue économique, c'est la division du travail élevé au maximum de son extension et de son agencement. C'est donc la distribution des forces productives obtenue de telle sorte que chaque contrée, aussi bien que chaque industrie et même chaque homme, puisse le mieux choisir son rôle et sa place dans l'œuvre commune, au vœu de ses aptitudes et de ses intérêts. Le principe des nationalités trouve ici, comme celui des individualités, une carrière d'expansion aussi vaste que féconde; et la concurrence générale, en déterminant partout la juste proportion des services d'après les chances de rémunération, tend irrésistiblement à l'équivalence des positions et à l'équilibre des prix. Si la viticulture française n'a point de rivale sérieuse dans le

monde, elle ne connaîtra pas d'autre force
régulatrice que sa propre puissance. A mesure
que les productions similaires surgiront, l'appréciation de valeur relative des produits deviendra plus régulière et plus exacte. Il n'y
aura point de déchéance, mais il faudra mieux
se subordonner de part et d'autre aux lois
communes et aux convenances du marché
consommateur.

Le redoutable problème de la population
n'est pas de ceux qu'il soit donné à l'économie
sociale de résoudre par ses seules forces. Le
progrès de la richesse et son équitable distribution ne sauraient suppléer au gouvernement personnel de l'homme par lui-même.
Il est certain que l'accroissement de la population trouve des limites absolues dans celui
des moyens généraux de subsistance et que,
par conséquent, la progression de l'une et de
l'autre sont intimement liées. Mais il reste à
l'action de la liberté morale sur l'homme physique un terrain où la science des intérêts
n'exerce qu'une influence restreinte; c'est tout
au plus même si on ne lui dénie pas le droit
d'y intervenir. Et cependant on ne se fait pas
faute de lui imputer la responsabilité des mé-

comptes que suscite, à cet endroit, l'imprévoyance individuelle et sociale. Si le développement de la population amoindrit pour les masses les résultats du progrès économique et transforme en cherté croissante l'abondance croissante de toutes choses, on en conclut que la science est impuissante, au lieu de comprendre qu'il y a là des faits qui lui échappent, des impulsions qu'elle n'est point appelée à régir. Pourquoi, par exemple, voit-on l'équilibre des moyens de subsistance avec la multiplication de l'espèce se maintenir généralement, dans les classes moyennes et éclairées, tandis que cette multiplication marche sans tenir compte de l'insuffisance des ressources dans les classes pauvres? Cela ne peut s'expliquer que par une supériorité de prévoyance économique et de conscience des devoirs incombant à la vie de famille chez les uns, et d'infériorité de ces sentiments chez les autres. Elevez le salaire de main-d'œuvre autant que vous le voudrez, il demeurera presque toujours possible au salarié de rendre inefficace cette élévation par la création d'une famille assez nombreuse pour dépasser les moyens de subsistance qu'il tire de son travail personnel.

Le problème de la population est donc d'ordre complexe et ne touche pas moins à l'exhaussement moral de l'homme qu'à son exhaussement économique. Mais, sous ce dernier rapport, on peut dire que la société universelle opère une sorte de transformation dans les données du problème. D'une part, grâce à elle, les moyens de subsistance ne sont plus limités aux ressources directes du territoire occupé par chaque société partielle, puisque l'échange des services rend pour ainsi dire communes les richesses de tous les territoires; d'autre part, l'émigration et la colonisation acquièrent, dans la société universelle, une puissance de dérivation ou d'aménagement des flots humains, pour ainsi parler, qu'elles ne posséderaient pas autrement. Que deviendrait l'Irlande avec son exubérance fatale de population, si l'Amérique ne lui était ouverte? Autant faut-il presque en dire d'une partie de l'Allemagne contemporaine. La Chine n'est-elle pas en voie d'échapper par le même principe aux inexprimables souffrances que lui infligeait sa civilisation fermée? Il n'a jamais manqué de place sur le globe pour le casement de l'espèce humaine; mais les progrès de l'économie sociale naturelle permettent seuls que ce casement s'accomplisse au gré des besoins locaux et pour l'avantage de la sociabilité générale.

Enfin, que dire ici du paupérisme, qui ne se trouve déjà inclus dans les considérations précédentes? Il y a des gens qui ne voient dans le paupérisme qu'une maladie spéciale de la civilisation, qu'il pourrait être donné de guérir par un simple procédé de répartition des richesses. C'est l'idée la plus décevante et la plus dangereuse qu'on ait jamais professée. Le paupérisme résume toutes les misères physiques et morales inhérentes à notre nature, et son action dans l'ordre économique n'est qu'une résultante partielle de ses origines multiples. Il faut le combattre dans cet ordre comme dans tous les autres, mais sans croire que l'on puisse atteindre sa source, même au moyen d'une satisfaction plus large et plus régulière des intérêts. Le paupérisme volontaire, c'est-à-dire celui qui procède soit du manque d'énergie laborieuse soit de l'inconduite, ne cède point à l'amélioration du

fonctionnement économique. Il existera donc
toujours tant que ses causes propres subsis-
teront. C'est à ce paupérisme involontaire qui
se caractérise, d'un côté, par l'insuffisance du
salaire, de l'autre, par l'impuissance de travailler (infirmités, maladies, chômages forcés,
etc.,) que la société universelle prépare des
allégements souverains, en portant l'échange
des services et le secours mutuel à un degré
d'ampleur incomparable. Si la division du
travail élève le niveau du bien-être, dès l'état
le plus embryonnaire de sociabilité, que sera-
ce quand elle embrassera l'universalité des travaux humains et qu'elle fera de tout le globe
habité et cultivé un seul atelier et un seul
marché ? Et si la bienfaisance et l'association
spéciale de secours mutuels peuvent opérer
des miracles pour amoindrir et prévenir les
souffrances du paupérisme immérité, dans
le cercle d'un concours plus ou moins étroit,
que ne peut-on pas en attendre quand le
concours sera pour ainsi dire sans limites ?

III

Résumons et concluons.

Les destinées humaines invoquent la société

universelle et y tendent par le progrès synthétique des civilisations et par les acquisitions de la vérité scientifique. Mais c'est à
l'économie sociale qu'il est donné de frayer
la voie et de diriger le mouvement. L'économie
sociale, c'est la société universelle elle-même
en principe et en germe. Le développement
externe de cette société universelle n'est que
l'évolution spontanée de l'organisme intime de
l'économie sociale. Ce développement s'opère
donc de lui-même, *proprio motu*, et sa rapidité
s'accroît en raison de l'affaiblissement des
obstacles qu'il rencontre.

Quels sont ces obstacles ? On peut dire qu'il
n'y en a pas d'autres, au fond, que l'ignorance
ou les préjugés dont l'ignorance est la mère.
Mais si ces préjugés ne puisaient leur raison
d'être et leurs moyens d'action que dans la
vie économique, ils ne résisteraient pas longtemps aux leçons de l'expérience, parce que
l'utile conspire ici plus directement que partout ailleurs avec le vrai, parce que la concordance naturelle des intérêts, dominant
souverainement leur antagonisme, les pousse,
avant même qu'ils en aient conscience, vers le
but. Cette impulsion deviendra irrésistible et

sûre dès que le flambeau de la science sera
allumé et que la race initiatrice lui demandera
ses directions. Que l'Europe civilisée lève
avec décision sur le monde l'étendard du
libre échange, et le ralliement économique
des peuples et des races marchera à pas de
géant.

On pourrait citer comme témoignage du
pouvoir de ralliement dévolu à la concordance
unie des intérêts, le spectacle qu'a offert la
dernière exposition universelle de Paris. A
voir les chefs des nations accourant de tous
les points de l'horizon pour contempler les
merveilles de la productivité humaine, il
semblait qu'on touchât au terme des antagonismes politiques.

C'est, en effet, du côté de la politique que
l'avénement de la société universelle rencontre le plus de résistance. La politique
agrandit et envenime les malentendus et les
abus du nationalisme; elle vicie, par son intervention tyrannique et ignorante, le mécanisme
de l'économie sociale et en fait l'instrument
de ses ambitions malsaines.

Quel plus triste et plus solennel exemple
pourrait-on en donner que ce régime colonial,

tout basé sur les appétits inassouvibles du
monopole et sur les usurpations brutales du
gouvernementalisme, qui prévalut depuis la
découverte du Nouveau-monde jusqu'au commencement de ce siècle ? Que de ruines, de
crimes, de déceptions, l'esprit politique sut
faire sortir des magnifiques conquêtes dues
au génie de Christophe Colomb et de Vasco
de Gasma! C'était bien pour le compte apparent du patriotisme commercial et industriel
et sous l'influence des préjugés économiques
que les gouvernements intervenaient; mais il
était facile de découvrir que la politique ne
cherchait qu'à exploiter les intérêts qu'elle
prétendait servir. En tout cas, elle n'eût eu
qu'à retirer sa main au profit du droit commun et de la liberté, pour que les intérêts
se disciplinassent d'eux-mêmes et que la
concurrence les forçât à chercher leur
triomphe dans le bien commun.

Puisque nous avons choisi cet exemple qui,
en effet, présente à un degré culminant la
réunion de tous les obstacles que l'ignorance
peut opposer aux progrès de la société universelle et de tous les désordres que des
immixtions étrangères peuvent infliger à l'éco-

nomie sociale, ne craignons pas de dire que l'esprit de domination religieuse s'associa à l'esprit de domination politique dans les pires errements du régime colonial. La prédication évangélique servit de manteau aux intrigues politiques et mercantiles et, par réciprocité, on appuya cette prédication sur la force des baïonnettes et des canons. On christianisa pour asservir, et la rivalité des conquérants entre eux se fit une arme de la rivalité des missionnaires. Si l'accès de l'extrême Orient est demeuré fermé trois siècles à la civilisation européenne, il n'en faut pas chercher la cause ailleurs que dans ces odieux procédés, aussi attentatoires à la liberté de conscience individuelle et à l'indépendance légitime des races et des peuples, qu'aux lois naturelles de l'économie sociale.

Celle-ci ne demande pas d'autre protection que la sécurité et l'ordre, et ne connaît d'autre procédé d'expansion que la réciprocité des services. Loin de mettre en péril les autonomies nationales, elle les consolide et les exalte parce que la variété des aptitudes et des besoins sont la base même de l'universalité des échanges. Ce qui n'empêche pas que l'échange des services amène celui des idées et transforme les dispositions morales. Tous les principes de l'unité humaine en bénéficient donc.

FIN

TABLE DES MATIÈRES

F. RICHARD

LIBRAIRE-ÉDITEUR

56, Rue du Rhône.

Ouvrages du même auteur :

Le juste et l'utile, ou rapports de la morale et de l'économie politique. 1 vol. in-8°.   5 —

Introduction à l'Étude de l'Économie politique. Cours public professé à Lyon pendant l'hiver 1864-1865, sous les auspices de la Chambre de Commerce de Lyon. 1 vol. in-8°.   6 —

Résumé d'un cours sur les banques d'émission. Broch. in-8°.   2 —

Le mouvement socialiste et l'économie politique. Résumé d'un cours fait à Lyon sous les auspices de la Chambre de Commerce et de la Société d'Economie politique. Broch. in-8°.   1 —

La question sociale. Résumé de six conférences données sur ce sujet à l'Athénée de Genève pendant le mois de décembre 1860. 1 vol. in-12.   1 25

PUBLICATIONS DE 1872

Traité des finances, par M. *Joseph Garnier*, 3e édit. 1 vol. in-8°.   7 50

La liberté, principe de tous les droits, par *Ch. Allezard*. 1 vol. in-18.   4 —

Défense du traité de commerce avec l'Angleterre, par M. *De Forcade la Roquette*. Broch. in-8°.   1 —

Questions sociales, conférences par *Albert de Montry*. 1 vol. in-8°.   2 50

Bourgeois et ouvriers, ou les inégalités de la fortune, par un *Socialiste ou un homme de bon sens*. Broch. in-16.   0 80

Crise sociale, par *J. Duboul*. Broch. in-8°.   1 —

Genève. — Impr. Soullier & Wirth, Cité, 19-21